企业财税通

结合新税法解决企业财税难题

臧晓辉 著

中国友谊出版公司

目录

03

家底

04

管控

05

合规

06 资本

07 风险

08

规律

09

决策：财税顶层设计

自序

这是一本面向中小民营企业老板的财税书。本书中没有“高大上”的民企，更没有“高大上”的民企老板。书中主要讲述中小民企的财税症状、普遍遇到的财税痛点和中小民企遭遇的财务瓶颈。

这本书以真实的企业财税案例为背景，通过案例中的老板遇到的财税痛点和财务瓶颈，让读者反思、正视自己企业的财税问题。案例中老板们面对财税问题时的突围路径和财务格局，能给读者提供解决财税问题的新思路，给读者补上自身财务短板，同时也为系统性提升企业财务认知提供值得借鉴的思路和方法。

老板财税包含“道”与“术”，给老板讲财税不能以讲财税技术为主，应该以讲财税方法和财务思想为主。老板们缺的不是财务“术”，而是财务“道”。所以，本书要传授的是一门心学！

老板们永远赚不到认知范围之外的钱，除非靠运气、靠关系，但靠运气、靠关系赚到的钱，往往又会被运气和关系亏掉。这是一个必然结果。老板赚的每一分钱都是自己对经营企业认知的变现，老板亏的钱是其对经营企业的认知缺陷所致。

什么是财务管理思维？老板需要具备什么样的财税思维？财务管理思维就是所有跟钱有关的都需要管理。老板没有财税思维，企业就很难构建完整的财税管控体系。

我本人自2010年开始服务民企，带领F4财务咨询第一团队为国内上百家中小民企做过落地式财税咨询项目，服务过长三角、珠三角、京津冀、成渝地区的民营企业，服务过的企业涉及的行业包括LED制造、新型材料、办公家具、装备制造、服装品牌、连锁、文化教育、建筑装饰、房地产等，每年在各地总裁班讲课中接触到的问询企业财务问题的老板更是多达上千位。服务过的民企多了，接触的老板多了，我对民企、对民企老板群体有了相对独立的判断和深入的认识：

首先，在各行各业能当老板的人，都不简单。民企老板是一种特殊的职业，人一旦选择走上创业之路做了老板，几乎就没有了退路。在外人眼里看来，当老板风光，豪车、豪宅，不差钱，但这都是表象。民企老板非常不容易，创业难，做到一定规模后老板们要操心、要担责的事情更多。中小民企老板们身上有太多值得普通人尊重、学习和借鉴的素质和能力。

其次，中国的民企老板绝大多数来自草根阶层。我带领F4团队接触的这群人几乎都来自草根阶层，他们的创业经历及全身心的投入，非常值得钦佩和尊重。

我本人每年在国内各大全国性财税培训机构讲课几十场。在讲课期间，有很多人会问我："当老板需要什么能力？当老板跟学历有关系吗？"这类问题其实很难回答。

当老板的必备能力之一就是高情商，老板需要每天跟各类不同的人打交道，每天都会处理公司内外复杂的业务问题、人事问题和关系问题。情商高是民企老板身上的突出特点。

老板能力中更为突出的一点是他们都有阅历。当老板的要具备阅人、阅事能力，越是企业员工多、规模大的老板，他们的阅人、阅事能力越强，越敏锐，越能有非常人所能及的把控能力。

中国是全球拥有老板人数最多的国家，上千万老板是中国经济最大的亮点之一，也是实现中国梦的经济软实力之一，民企老板群体是创造和推动改革开放40多年中国经济奇迹的最大功臣之一。中国的民企老板绝大多数是草根出身，他们一个人创业带动了一个家庭、一个家族、一群人的命运转机，让无数曾经为温饱问题所困的普通人过上有尊严、有质量的家庭生活。中小民企为中国民生经济提供了大量的工作机会、丰富的生活必需品和民生服务。

民企老板群体是中国宝贵的社会资源，也是提升国家经济整体质量的重要贡献群体！

中国经济正在进行供给侧结构性改革，在由粗放型向质量型、环保型、效益型转型的大趋势下，数量庞大的中小民企能否快速提高公司整体质量至关重要。如果数量庞大的中小民企能从企业内部财务管控入手，注重财务风险的把控，提高企业效率，注重精细成本管控，加大研发投入，强化企业体质和产品服务质量，就可以很大程度上改善中国GDP的整体质量，创造出新的经济活力，从而改善民生收入和人民生活质量。

中小民营企业是中国经济真正的中流砥柱！

中小民营企业承担了中国80%以上的员工就业，更是承担起了中国税收50%以上的企业纳税责任。中国这40多年改革成果，是千百万中小民企创业者励精图治、奋勇拼搏、苦干实干出来的，中小民营企业家们是为中国经济做出杰出贡献的群体。

处在经济转型调整中的中小民企，无疑是中国经济群体中生存最为艰难的企业群体，广大中小民企老板都经历了千辛万苦创业、奋勇冲锋占市场的过程。很多老板们都发自内心地感叹，有3个没想到：第一个没想到的是，当初创业时根本就没有想到企业能活到今天；第二个没有想到的是，企业能做到今天的规模；第三个没有想到的是，今天又面临中国经济转型和升级压力，需要重新思考下一步企业该如何生存下去。

中国民企老板大多是业务、生意人或技术出身，管理或财务出身的老板不多。这在一定程度上注定了广大民企老板身上优势和短板同样突出，其中最凸显的短板就是财务。从早期创业到把企业做到一定规模，老板们对财务的认知和系统性理解普遍偏弱。这种短板在企业早期和规模小的时候体现得并不明显，一旦企业达到一定规模，特别是当行业赚钱难度增大后，老板们身上的财务短板会越发凸显。老板对财税重视不够、企业财务管控偏弱的企业，在经济调整的大势下，生存会越发困难。

我本人带团队给民企做咨询项目，目的在于帮单个企业解决财税问题。本书基于我帮助过上百家中小民企的经验，总结提炼出了一些供老板掌握的财税常识和方法及逻辑。现实中需要财务顾问帮助的中小民企数量太多，希望这本书能给这些企业的老板提供财税帮助和指导，这也是我身为财务顾问的责任和使命。

本书为老板读者展现五大亮点：

1. 人物化——本书出现的人物是中国广大中小民企老板最真实的写照，每个案例都会涉及企业创始人、家族核心成员、股东、财务负责人、企业高管和员工等企业主要人员。

2. 剧情化——每个案例都会呈现企业初创和原始积累的过程、企业现状、作者团队专家如何评估企业财务家底、企业财务痛点形成的根源，以及民企老板在经营企业的过程中对财务逐渐产生认知到重视，突破“家财务”瓶颈的全过程。

3. 心理化——每个案例都会讲述企业遇到的各类财务难题，尤其是在解决企业财务、“家财务”瓶颈时表现出的格局和决心。

4. 实景化——本书精选的企业、老板都极具代表性，中国主要经济区内（包括长三角、珠三角、京津冀、川渝地区）典型的中小民营企业都在内。

5. 方案化——每个案例都是臧老师团队中的顾问专家们亲身经历

过、服务过、帮助过的真实案例，每个案例中的解决方案都凝聚着团队成员的集体智慧、付出和专业能力。

01

家财务

大多数民企属于“家财务”，老板是民企真正的财务总监。老板要懂的是“大财务”而不是小财务，做企业就是问题导向，透过财务问题去解决企业问题。

民企财务特征

我每次给财务人员讲财务课的时候，都会问在场的学员一个问题：“谁是企业里真正的财务总监？”得到的都是异口同声的回答：“老板。”

我继续问在场的学员：“为什么说老板是民企里真正的财务总监？请说出理由。”多数学员会说，民企财务上的大事都由老板做主。

学员们的答案在我的意料之中。这说明民企里老板是真正的财务总监是客观事实，在民企中具有普遍性，特别在中小民企中体现得更为突出。

老板是民企里真正的财务总监，注定了民企财务的特殊性和最突出的特点——“家财务”。

“家财务”主要表现为真正的财务总监是老板。

我在财务培训现场问学员，你们企业交税、交多少税谁说了算？得到的答复都是：老板说了算！

你们企业投什么项目、投多少金额，谁说了算？答：老板说了算！

你们企业融多少资金、向谁融资，谁说了算？答：老板说了算！

无论大企业还是小企业，财税中最重要的3件大事是交税、投资、融资，如果这3件财税大事都是老板说了算，老板就是民企里真正的财务总监。

大多数民企是典型的“家财务”。“家财务”的突出特点就是财务人员被动地遵照老板的指令做账、交税和管钱。老板指挥财务人员，哪怕是老板所做的决策是错的，甚至带有明显的法律风险，财务人员也不得不执行。例如：两套账、买发票、公转私、财务造假等。

“家财务”的产生跟老板们早期的创业经历和民企的发展环境有关，尤其是融资渠道上几乎得不到外部金融机构和投资机构的资金支持，早期民企几乎都要靠自己的亲友们倾力相助提供资金，才能活下来。

民企资金来源的特点，导致在民企中出现“家财务”特征突出的特殊公司财务治理模式。同时，第一代民企老板创业时，大多没有太大的梦想和抱负，只是想改变个人和家庭的生活窘境。能将企业规模做大，更是超出了很多老板们的心理预期。

“家财务”是中国民企发展历程中一个相对特殊的财务阶段，也是多重因素包括创业环境、融资环境、营商环境、税负环境、老板个人对财务的认知等累加后产生的现象。

“家财务”的产生也跟第一代民企老板自创业以来形成的家和公司融为一体的工作和生活方式有关，经历过创业的人，都有过把公司当成家来对待的经历和习惯。

“家财务”已成制约民企的一道坎，财务管理成为很多民企管理中最薄弱的环节。

我在咨询中接触了大量民企，发现在“家财务”特点突出的民企里，管理最薄弱的部门就是财务部门。企业想做管理升级、模式升级、机制创新，“家财务”成为制约这些企业变革的一道坎。如果“家财务”不能升级成公司财务，老板纵有很多新的想法、变革的思路和决心，最终都是竹篮子打水一场空。接下来向大家介绍“家财务”的几个阶段及特点。

“家财务”的3个阶段

“家财务”1.0阶段：老板=销售+出纳

该阶段的企业特点是老板平日里打拼——谈客户、对接资源、组织商品、发货的同时，整个公司的资金也被老板个人掌控，对外付款、收账及日常的开支，都由老板来打理。

该模式在很多初创阶段的民企和规模不大的民企中最为普遍，老板一手抓业务，一手抓资金。

这个阶段，老板对财务的认知很简单，就是“流水账”。有没有账都无所谓，只要把钱控制在自己手里，就觉得资金很安全。

【案例解析】

北京某家做休闲食品的企业老板是湖北孝感人，16岁初中毕业就离开老家，随在京打工的父母在餐厅打工，几年之后自己开始创业卖川味美食，主要经营川味鸭脖、夫妻肺片等，30岁不到就已经做成有一定规模的川味美食连锁店。门店最多时有上百家，员工人数超过200人。跟这个老板接触时间长了，会发现他随身背着一个柏博利（BURRERY）的包，里面有几十家银行的银行卡和多家银行的网银U盾。

每天上午，负责采购的堂弟给他发短信，告知今天要去采购的食材明细及所用金额。如果金额为10万元，他就拿出电脑插上U盾给出纳转10万元。该公司真正的出纳其实是老板本人，几乎都是用该老板个人的账户来进行资金收支业务的处理。每天晚上，门店会把当天的营业款打到老板名下的银行卡里。例如：当天门店营业款收到35万元，老板就会把明天采购用的10万元留好，再预留15万元左右的公司日常费用，剩下的10万元就属于他个人可支配的资金，可以掂量晚上去哪里消费了。

开始的时候，老板自己没有意识，觉得企业的钱就是他自己的，自己管钱花起来也方便。但时间一长，他也意识到老板自己当出纳的弊端就是很多钱在不知不觉中花掉了。虽然钱进来得快，但花出去更快，真正能积累下来的并不多。

当做到一定规模后，这家企业发展势头明显减缓，近年来一直处于原地踏步的状态。

"家财务"1.0阶段，老板还停留在生意人的思维中，他们把企业当生意做，只是企业的生意规模比个人开店的生意大而已。

这一阶段，企业的会计、出纳多是财务陪衬，无法发挥专业所长。由于缺乏有效的公司化资金管控的制约，正如该案例老板本人所讲，他自己管钱花起来更容易，生意上赚到的钱跟个人消费、父母消费、家族消费混为一体，难分难离。

老板自己管钱的"家财务"1.0阶段严重制约了这家企业的发展，老板在财务上的短视，成了制约企业发展的最大瓶颈。

如果该老板自己不主动改变，公司招来谁做财务负责人，都是个摆设。

“家财务”2.0阶段：企业=老板+老板娘

民企中老板夫妻档很多，老板娘在公司里也是重要人物，多负责财务。老板娘有3种类型：“创一代”老板娘、“富二代”老板娘、“嫁二代”老板娘。其中，“创一代”老板娘多跟着老板一起从创业开始打拼，经历了创业过程中的风风雨雨，她们都是公司能走到今天的重要功臣。

我本人接触的民企多了，接触的老板娘多了，发现老板娘管财务并不轻松。干得好，别人会说老板娘睿智有格局；干得不好，公司上下都会对老板娘有意见。

【案例解析】

我服务过的企业中，有一家的老板娘最有特点。该企业从事电梯配件研发、生产和销售，公司创始人是电梯配件技术人员出身，10多年前开始创业，目前在北京和杭州临平都有公司和工厂。该企业老板娘是财务科班出身，在外企电梯公司迅达做了30多年财务工作。该企业创始人对爱人在公司的角色描述是“老板娘 = 大股东+公司财务总监+家里财务总监”。她持有公司近80%的股权，管控公司所有对外开支的同时，掌握着她老公的工资卡和银行卡的往来信息。

当该公司创始人跟我当面讲起该企业的财务特点，特别是他爱人在公司和家里的财务角色后，我跟他说："您爱人把在外企里学到的财务管控方法和手段，全部用在管控自己老公身上了。"我这么一说后，该企业创始人自己也很无奈地笑了。

我在咨询过程中遇到的老板娘负责财务的企业数量不少。老板娘管财务没有对错之分，只是因为老板娘角色比较特殊，容易引起其他人的额外注意。企业早期用家人管财务，效率高又安全，是很实际也很务实的民企早期管钱模式。但是随着企业人数增多，企业管理越来越复杂，家人管钱的弊端和短板就会逐渐浮出水面。弊端之一是，老板娘管钱一定程度上会关照自己家里的财富，说白了就是有私心。例如：想多给子女们存些钱，给子女们多买几套房子，家里搞点投资理财等。这在一定程度上会造成公司财务公私不分的现象。

最大的弊端是让公司自上而下的员工对公司的归属感和信任度下降。很多员工会认为企业是老板和老板娘的，自己只是为他们打工而已。"家财务"2.0阶段会对员工凝聚力和员工对企业的信任度带来负面的影响，尤其是想把核心骨干和企业利益绑在一起，实操难度会大很多。

可能有很多读者会问，为什么很多老板娘的综合管理能力已经不适应企业发展需要，却还把控财权不放呢？

这不是靠财税技术能解决的，需要从女性心理需求来解析。老板娘希望通过掌管财权获得心理上的安全感，这在一定程度上也考验老板的智慧。老板既要平衡好外部，也要平衡好家里，否则会给公司和家庭埋下隐患。

中国民企中有一个独特的定律：一家民企只能发一种声音，如果夫妻俩都很强势，企业注定成不了行业翘楚，甚至会为此付出惨痛的代价。

通过研究国内20家顶尖企业的顶层架构和公司治理，可以发现，像华为、阿里、百度、腾讯、万达、京东、新东方、恒大这些企业的实际控制人就是老板。而他们的另一半几乎都处于隐身和消音状态，外界几乎看不到她们对公司或对媒体发声，只是在背后默默支持。

一旦夫妻档公司里夫妻产生两种不同的声音，一定会产生发酵反应，更会产生很多负面影响。这对强调快速发展、顺应市场快速反应的互联网电商企业来说更是致命的。

2011年，我在财务经理人网给企业财务经理们做《IPO上市和公司估值》公开课时，用过当当网上市案例，给学员分享过当当网融资案例。在当当美国上市过程中，有华尔街经验的俞渝厥功至伟。

没想到几年之后，这对夫妻出现了这么多矛盾，竟然上演了抢公章这样的江湖大戏。两个精英组成的一对夫妻，竟然把家事、公事变成了八卦新闻和江湖恩仇。

李国庆、俞渝夫妻的智商都是顶级的，但他们的情商远不如国内顶尖商业大佬。连自己的家都搞不定，拿什么搞定公司？

家和万事兴，家丑不可外扬。老祖宗千年古训对普通百姓有用，对商业大佬们更是如此。

跟当当网形成鲜明对比的是国美电器。2008年，黄光裕出事，黄光裕夫人杜鹃女士临危受命，不但平息了陈晓事件对国美电器造成的内伤，而且领导国美逐渐走出了低谷，守住了丈夫多年打下的国美江山，为其重获自由后二次商业布局打下了基础。“家和”是黄光裕重新攀升至新商业巅峰的根基。

相对商业大佬、龙头企业一举一动备受外界高度关注，中小民企在家事、公事上受外界干扰相对少，可以让老板们更从容地规划、重组，做二次创业的启动。

“家财务”3.0阶段：外聘专业财务人士，老板或老板娘掌握财权

企业外聘专业的财务总监或财务经理，但真正的财权依然掌握在老板和老板娘手里，外聘的财务经理更多是按照老板和老板娘的指示做账、交税，财务工作的独立性和专业性很受影响。外招财务经理人的专业能力的施展和发挥大打折扣的同时，企业很难实现通过财务管控体系来强化对运营的控制，提升企业业绩。

“家财务”是横亘在民企发展道路上的一道坎。这道坎过不去，老板纵有多高的发展战略，都会被其短板打回原形。突破“家财务”这道坎，是对老板本人格局的最直接考验。

【案例解析】

A股民营医药连锁上市第一股云南鸿翔药业一心堂也经历了“家财务”突围这道坎。董事长阮××的前妻在一心堂掌管公司财务多年，是公司里名副其实的财务总监。阮总当年聘请资深财务经理人赵×加入一心堂时，赵×向阮总提的要求就是，老板娘不能在一心堂担任何财务职务。这既是考

验阮总，也是考验赵×自己。赵×有目标，也敢坚持，敢跟老板直接提条件和要求，并摆明自己的底线，如果不能满足该条件，宁可不加入一心堂。赵×的坚持最终让阮总下了决心让前妻不再插手公司财务，同时给了前妻相当的股权。一心堂上市之后，阮总前妻身价超过几十亿元。

阮总选赵×没选错，赵×是有担当、有目标、想干大事业的财务经理人，一定会坚守自己的原则和底线。这一事件也体现出阮总本人的格局和做大企业的决心。赵×加入一心堂之后，成了董事长的左膀右臂，在公司财税合规、对接外部资本、企业上市等方面做出了杰出贡献。赵×已经担任一心堂公司总裁多年，成功实现从CFO（首席财务官）转身成为CEO，是国内医药连锁行业里杰出的企业领导人之一。

在中国做企业财务工作不容易，在民企里做财务就更不容易！

我每次给财务经理人讲课培训的时候，都会强调："财务经理人不能只埋头干活，不抬头看路。财务经理人选对平台比努力工作更为关键，选对平台的关键就是要跟对老板。"

现实中，财务经理人如何判断所在企业老板做大企业的格局和事业高度呢？

经过多年跟民企老板的接触，我总结出了财务经理人可以从以下4个方面识别和判断老板的格局和事业高度：

第一，所在企业老板对公司财务的认知和定位。如果老板只是把公司财务当作自己和家里的钱袋子，这类企业大多会停滞不前，很难有大的突破。因为老板对财务的选择决定了他个人和企业的走向。

第二，观察老板在企业里用的多是什么样的人，判断和甄别老板的用人标准。企业运行就像一辆高速行驶的列车，到什么站就该让什么人上车，让什么人下车。

第三，观察老板的朋友圈子。民企老板都有自己的朋友圈子，圈子里的人对老板的影响，往往比企业里的人对老板的影响更明显。如果一家年销售额2亿元的企业，老板平时却多是跟一帮企业规模在四五千万元的朋友交往，当这帮人中的大哥级人物，这家企业的发展一定不会有太大的突破。

第四，观察老板有无顾问和智囊。民企老板自身各有优势和短板，他们的短板需要靠外脑来弥补。老板有请外脑的意识和用好外脑的气度，更能体现这些老板想做大企业的格局和独到的眼光。

老板财税知识

中国民企中已经做大做强的行业领军企业，都在由小到大的蜕变过程中聘请过外部的咨询顾问作为智囊团队成员之一。越是大的民企，请的咨询顾问越是档次高、数量多，合作期也更长。老板需要借助第三方顾问，更从容地对公司出现的问题进行精准诊断，对重大决策提供有价值的参考建议，提高决策成功率。老板身边有顾问，可以帮助民企完善法人治理结构，强化内控管理体系，整合外部资源，提高决策成功率。

近些年，聘请财务顾问的民企越来越多。老板请财务顾问主要基于两个原因：第一，请财务顾问帮企业解决和处理历史遗留的财税痛点和陈年旧账，给企业动财税合规的“手术”。第二，想做大、想上市、想进行模式创新和管理变革的企业老板，需要聘用长期财务顾问作为企业外脑，为企业提供有价值的专业经验，避免企业犯错误、走弯路。

“家财务”四大痛点

乱

“家财务”的第一大痛点是公司混乱：公司内部乱象多，内控不严，效率低下，家底极为混乱。

“家财务”乱背后的根源是老板思维乱——对经营企业的理解乱。老板对如何做好企业管理的认识不清晰，是中国民企财务最典型的特征！

这类企业老板爱折腾——折腾架构、折腾组织、折腾人员，缺乏长远规划和耐心。老板把做企业理解得过于简单，认为有业务就能赚钱，对企业缺乏系统性理解，更缺乏整体管控能力。

野

“家财务”的第二大痛点是风险超高，属于“野路子方式赚钱”，赚钱方式不合规，风险极大。

企业财务通常表现为：两套账或多套账，赚钱就好；流水账、糊涂账，账账不清；拆东墙、补西墙，墙墙不倒；跟国家算糊涂账。

对老板来讲，“赚钱很重要”和“只要能赚钱就行”是完全不同的两个概念。“只要能赚钱就行”，这种赚钱意识，一定会衍生出“什么手段都用”的赚钱行为。甚至有些企业已经上市，依然还是赚钱的野性不改，甚至出现巨额财务造假的大案。

贪

“家财务”的第三大痛点是资金短命：贪大求大、盲目投资、债务高、资金风险超高，给企业发展埋下隐患。

这类老板大多胆子大，秉承“富贵险中求”的思维，不顾企业自身能力，什么赚钱的领域都敢涉足。当潮水退去时，这些企业贪大的短板就会迅速暴露，酿成债高企亡的悲剧。著名收藏家马未都老师讲过一句名言：“大部分的投资者都有赌博心态。有赌博心态，就有极大的可能会失手。”说的就是这类企业老板。

私

“家财务”的第四大痛点是老板私心重，多是为自己赚钱。

这类老板多数是生意人，也就是俗称的小老板群体，属于小富即安型。赚钱眼光和市场敏锐度是他们的强项，但他们对做企业还是停留在给自己赚钱、给家族赚钱的层面，会牢牢地把财权控制在自己手上，甚至出纳都由老板兼任。

“家财务”4种结局

问题缠身

在我咨询、培训过程中接触的企业中，问题缠身型企业数量最多。从财务结果和趋势的角度判断，这类企业更像是“温水煮青蛙”，因财务管控缺失，公司家底越做越薄，甚至成了“空底子”。

这些企业问题的关键是企业的内部管理能力滞后于公司发展的速度，企业片面追求业务发展速度，特别是财务管控缺失，导致整个企业对利润管控能力偏弱。老板更是忙于公司内部各种事物，理不清、管不住的现象在这类企业中最为常见。

问题缠身型企业的老板最忙碌，公司哪个部门出问题，都要亲自处理。客户投诉、银行贷款、抵押质押、定价格、招商等，他更像是一位救火队员。有事找老板，在公司里已经成了一种习惯。

我曾经去一些企业跟董事长请示，在老板办公室给我安排一个座位，然后我仔细观察每一位向老板汇报工作的人都谈什么，都是哪些问题需要请示老板做批示。发现80%以上都是公司内部问题：部门间问题、采购延迟问题、产品品质问题、人事问题、生产计划有误问题等。

问题缠身型企业，很多老板已经失去了做企业、做企业家的成就感，只不过因为公司里有很多员工，甚至整个家族、多个家庭的命运都跟公司绑在一起，老板想脱身已经没有了退路。

风险超高

风险超高型企业主要的风险集中在税务风险上。尤其是部分企业习惯了靠“买发票”或“截留收入”赚不合理“税点”的赚钱方式，此类企业税务风险超高。

前些年因税务机关监管不到位，靠人情关系、不合理手段，一些企业把本该属于国家的税，揣进了部分老板个人的口袋里，很多老板自我感觉靠“税点”赚钱还挺爽。他们抱有一种侥幸心理，认为“身边的老板和企业都这样，所以他们自己也这样”。

习惯了靠不合理手段逃税赚钱的企业，赚得了一时，赚不了一世！

就像吴晓波老师写的《大败局》中强调的民营企业家原罪之一，就是踩了“税务红线”。例如，科隆前董事长顾雏军，尽管最高法对他的多重罪进行了重新审理后宣布了多项罪名撤销，但其挪用公司资金罪依然成立。

资金短命

第三类属于心比天高、命比纸薄的资金短命型企业。

这类企业老板的共同特点是心很大、贪大、爱面子，他们身上的赌性很明显。

民企老板身上赌性强带有普遍性，不分学历、经历，不分出身，在各行民企老板中都有体现。

前些年，中国各行业竞争不充分，机会相对多，给赌性强的老板提供了很多天上掉下来的商机。

今天，中国各行业竞争越发透明，法制环境越发健全，单靠胆子大搏一把而成功的概率越来越小。

具体到财务上，“短贷长投”是这类企业的资金使用特点，尤其是投资所谓的副业。本质上还是企业老板不顾自身条件，做了超出自身企业能力的事。最终的结果是副业把主业拖垮了，资金链断裂后，老板被迫出局。

20多年前，老板们跌倒后二次创业是有机会再发展起来的，像《大败局》中提到的史玉柱、孙宏斌这两位商业大佬，就是最典型的例子。但这毕竟是少数。今天的老板们一旦资金链断掉了，想重走史玉柱、孙宏斌们二次创业成功崛起的路，几乎走不通。

闷声发财

培训和咨询中，我接触到的这类企业数量最少，能闷声发财的“家财务”老板也是一种幸运。这类企业的特点是有行业优势、技术优势、资源优势或客户优势。例如：傍大款型企业，长期服务一家大型企业，业务不愁，收益稳定，企业也不需要多强的管理团队，只要能维持住现有资源优势和客户优势，就能稳赚钱。

这类企业和老板是相对幸运的，只要在财税风险上做好把控，把业务规模控制好，别贪大，家底还是能越做越厚实。但就怕老板本人不安分。现实中老板面临的各种诱惑太多了，一旦被某种诱惑左右，想闷声发财都是一种奢望。

给“家财务”企业的4点建议

第一，别贪求做大，控制好公司规模。

老板如果选择“家财务”，在公司发展规模上就要当心，别贪大做规模。

控制好公司发展规模，能做好5000万的，别贪大做1个亿；能做好1个亿的，别贪大做几个亿。“家财务”中问题缠身型企业都是企业上规模之后，各类问题开始浮出水面。在规模小的时候，各类企业问题和管理短板有，但不突出更不致命，因为业务在老板掌控范围之内，老板凭个人能力能把看得见的问题直接管住。

一旦企业规模做大了，管理短板和财务管控缺失的劣势会被无限放大，但现实中，很多企业老板对此并没有深刻的认知和应对的方案。企业规模大了，老板单靠个人能力已经管不住整个公司了，企业缺乏系统解决管理问题的能力，最终导致企业家底越做越薄，老板的切身利益也得不到保障。

老板财税知识

企业规模小的时候，老板个人能力重要；当企业发展到一定规模之后，老板能力能否转化为团队能力，至关重要。现实中，绝大多数问题缠身型企业都迈不过去这道坎，关键还是看老板本人的认知和行动。

第二，做实主业，少投资，控制举债。主业利再薄，做实了，一定有钱赚。副业再美好，投下去，结果难预料。

“家财务”中资金短命型的企业多是副业大幅举债、盈利无果后，最终把主业现金流拖垮的。

资产几个亿、几十个亿、上百亿的企业爆发资金链危机，原因都是如此！德隆就是贪大，过度投资、过度举债，最终导致公司破产被清算。

2010年6月，我受央企国家开发投资公司子公司委托，去新疆哈密的罗布泊钾肥盐有限责任公司（简称“罗钾”）做全面预算项目的现场咨询辅导，了解到罗钾是早期德隆集团开发和布局投资的，是德隆集团旗下最有价值的资产和业务。今天的罗钾是稀缺资源型企业，是年盈利超10亿元的钾肥行业龙头。罗钾部分老员工之前都在德隆工作，他们也很感慨。德隆就算把所有业务和资产全部剥离，只要能把罗钾保留住，还是有机会翻身的。

再举个例子，浙江诸暨有家以做针织品为主的企业，2008年之前一直都是稳健经营，负债不多，规模不大，盈利在千万规模。2009年年初，该企业突然开始发力做规模，通过多家银行贷款高达2亿元。通过政府拿地盖的新厂房很气派，厂区里花园小桥流水，很“高大上”。但是该企业从事的是中低端袜子加工，盈利本来就薄，根本支撑不了高额的贷款利息，更支撑不了“高大上”厂区的消耗。2017年，该公司被迫停产清算还债。老板因涉嫌伪造贷款文件导致上亿元银行贷款无法收回，最终被银行起诉后入狱，连个人财产都无法保全，被罚没。

老板们请切记，不能超出自身的企业能力盲目举债经营！

第三，做好管控，夯实好公司家底。

管控做得好不好，关系到企业的利益，更关系到老板切身利益！

企业做到5000万元规模时，就应该着手进行内控体系、财务管控体系的搭建。否则，随着公司人员数量增多，部门增加、业务规模扩大后，管理难度会越来越大。民企里“跑冒滴漏”的现象非常突出，说到底就是因为企业内部财务管控没跟上。

内部管控，尤其是财务管控制度和实施执行，对很多中小民企来讲，更是迫在眉睫。

家底薄、家底空的企业，都在财务管控上相对薄弱和滞后，企业规模上来了，但财务管控没跟上企业业务发展的速度，财务的定位还是停留在记账阶段。财务管控薄弱，导致企业里很多的支出和开支被内部看不见的很多只手左右着，很多事情连老板都被蒙在鼓里。

当“家财务”型企业发展到一定规模，财务定位就面临重大转型，由财务核素型向财务管控型转换。财务的定位和职能更多是对资源和业务进行有效管控的管理者角色，而非被动记账者。那种认为只要把进出的钱管住了，家底就管住了的想法太简单、太肤浅了。管不住业务源头，管不住业务过程，就根本管不住业务结果。

第四，早规划，早启动财税合规。

“家财务”中风险超高型企业积累的历史遗留财税风险，最为致命。

一些企业一边忙着往兜里揣钱，一边在给自己老板挖坑，挖的就是财税风险坑。

长期秉承“家财务”的企业都是老板性格所致，“家财务”更是老板性格的投射。遵守法律、不违背基本商业规律、控制老板个人膨胀的欲望，是“家财务”走向阳光财务的关键。“财税风口”正在刮起，倒逼财税不合规企业早行动。

“家财务”原罪

原罪在中国企业界是一个非常敏感的词。在过去40多年里，民营老板阶层经历了数次形象变迁，从早年的“万元户”到后来的生意人、老板、企业家。当今，对企业家正能量的传播和称颂已经成了社会的主流声音。就跟20世纪初的美国一样，中国开始尊敬和推崇成功商人、成功企业家。但对中国民营企业的成长历程描述中，都绕不开原罪，它仿佛是悬在中国民企老板头上的一把达摩克利斯之剑。民营企业财税原罪是一个大历史发展变革中的必然现象，在中国经济高速发展的时代，任何变革都意味着对现有体制的突破。

“家财务”中的原罪是一个经济大变革时代的必然现象。“家财务”在民企中带有普遍性，这其实已经不是某位老板个人的原罪，可以说是一个时代的原罪。民企“家财务”的原罪是制度建设落后的产物。中国企业改革自下而上的特征，决定了制度的变革往往会落后于企业的实践，这使得很多老板养成了“绕道通行”的习惯。但现在，这种赚钱习惯、财务习惯正遭受前所未有的挑战。随着国家展开经济治理，“金税三期”“金税四期”大数据财税工程的全面落地，“家财务”面临转型和升级。

“逃税空间”是税收监管真空纵容出来的结果。

中国改革开放有着自下而上的特征，决定了税收监管和建设往往滞后于企业实践。税收制度建设相对滞后，一定程度上让部分老板养成了“内账外账”“截留收入”等非合理性赚钱习惯，提供了可操作的空间。事实上，一个国家商业法规的确定与成熟，往往跟同时代企业家的实践和遭遇是分不开的。今天我们已经进入移动互联时代，手机App端各类财税信息非常多，当更多的人、更多的机构在网络媒体上进行“财税合规”“涉税红线”的讨论、反思和警戒时，就预示着中国的商业环境、法制环境、商业规则日益成熟。

选择“家财务”没有对错之分，只是老板选择不同而已。但老板不能只埋头“家财务”赚钱，更需要抬头看路，看清国家“财税风口”大势。老板需要加快财税合规行动，时不我待！

“家财务”财税合规5步突围法

“家财务”企业积累的财税风险，根本不是单靠“做账”就能简单解决的。让“家财务”走向阳光，应该运用5步突围法。

复盘公司家底

家底评估测试表增加“历史财税合规风险”一项。简单来说，就是有两套账、长期逃税的企业一旦被查到，就会面临巨额补税，家底可不保呀！

止损

需要做出取舍，把一直延续的不合规业务果断止损。不能让旧的财税风险存在，新的财税风险还一直持续累加，变成风险无底洞。

切割

历史遗留的财税风险往往跟公司主体有关，注销存在风险的公司主体，与财税风险做彻底的切割。

重构

充分了解最新税法及税率、税种优惠空间，全面构建新的业务流程，对公司主体进行财税顶层设计。

新设

基于财税思维重新设立各级公司主体，充分利用税种、税率优惠空间，让新设主体轻装上阵，不再为税所累。

凡是能清楚知道自己企业咨询需求的老板，都是有着独立管理思路和判断能力的人，跟他们接触就会发现，他们对自己的企业有清晰的经营和管理思维。有的老板有经营思路，怎么做市场、怎么谈业务，说起来头头是道，但一谈到管理和财务时，明显底气不足，说明老板对管理和财务问题自己都没有想清楚，更拿不出来有效的实施手段和方法。

民企老板要真正成为这个社会和时代的主流力量，首先必须要完成一项工作，一项比技术升级、管理升级、产品升级更为关键的工作——重塑民企老板职业精神和重建民营企业的道德秩序。

“家财务”突围，实质上就是民企老板个人职业精神和企业商业道德秩序的重建。

“家财务”遭遇“财税风口”

自2016年国家启动全面营改增开始，中国的税收管控大环境发生了颠覆式变化，有了新的税收监控模式，以及税制、税率、税收优惠政策等一系列税收治理新模式。“大数据+税务”的税控新模式，让财税合规的企业得到了更便捷、更高效的涉税服务，同时让不合规的企业意识到了之前的逃税套路和靠人际关系摆平涉税问题的手法已然失灵。

前些年一些“家财务”企业之所以能利用“两套账、多套账”等不合规财务模式少交税，很大程度是因为国家在征税工具和手段上，跟不上全社会企业发展的数量和速度。中国是全世界纳税人数最多的国家，法人单位超过几千万家，个体工商户超过8000万户，各类纳税人总数超过1亿户。税务部门人数有限，税收征管工具相对滞后，很难充分知晓各类纳税人真实的经营情况充分知晓，因此给了部分“家财务”企业钻空子的机会。我这些年服务的企业多，接触的老板多，跟很多企业老板接触时，他们会说：“这边的企业都是这么干的。”我也会跟这些老板表明态度：“国家一定不会不管，只是时间而已，中国是世界排名第二的经济体，国家在管税方式和税控工具上一定会有大动作。”

今天的民企老板们在对待税务问题时，不应再抱有侥幸和投机心理，因为国家已经布好了两张“税控天网”，即企业版的“金税三期”大数据税控系统和个人版大数据税控系统。

财税风口

这几年“风口”这个词非常火，例如电商风口、共享风口、人工智能风口等。“风口”是指当下经济领域中最热的领域和产业，风口产业备受企业、资本、媒体和公众关注。

“财税风口”这个词是我在2019年年初为一家全国性的财税培训机构做年度视频送新年祝语的时候想出来的。2019年是“财税风口”的元年，新年伊始，国家在财税政策上三箭齐发——新个税、电商法和反洗钱。

老板财税知识

2016年，国家推动“全面营改增”，开启了中国新一轮财税改革的大幕。2019年是“财税风口”元年，国家从税种、税率、监控工作及反避税手段和税控工具上做财税管控的大动作，特别是国家启动的大数据税控系统威力巨大，对财税不合规企业的税控侦察能力超强，之前不合规企业惯用的少交税套路失灵了。国家一手抓减税降费，一手抓逃税骗税，两手抓、两手都要硬。

很多在欧美国家、日本、新加坡及中国香港等发达国家和地区工作过的朋友，都会有一种很深的感触，就是这些国家和地区的企业纳税意识较强，居民纳税意识也很强。我本人在多家欧美跨国企业，如美国奥的斯电梯、瑞士兰吉尔通讯、德国洛伊热工、亚实履带等知名企业工作长达10年以上，我的体会是，这些国家和地区的企业和居民纳税意识强，主要是因为这些地方在税收管控手段和工具上更为完善、更具震慑力，对不合规的纳税人更是采取了严苛的惩罚措施，让纳税人不敢心存侥幸。

多年前我就跟很多企业家朋友讲，在中国经济发展的前期，国家一直是在“放水养鱼”，到了某一阶段，一定会“秋后算账”。

税控工具

长期以来，中国税务部门面临着全球最为复杂的税收征管大环境：第一，中国纳税人数全球第一；第二，中国纳税人脑子非常灵活；第三，中国税收征管一直只有税务部门在主抓，其他政府部门介入的并不多，其他政府部门信息和税务部门信息没有完全打通，导致税务部门对纳税人信息掌握不全。说白了，之前中国税收征管用的“网眼”太大，网没扎紧、扎牢、扎密，中间的缝隙给了不合规纳税人钻空子的机会和空间。

税收征管过程，实质上是税企间的信息对接过程。一直以来，都是企业纳税人掌握信息的主动权，税务部门只能被动默认企业申报的各种数据和信息，税企之间存在信息不对称问题，税务部门人员有限，不能对所有纳税人逐一进行信息核实，因此给了一些纳税人逃税的空间和机会。

但今天，税企之间信息不对称现象正在发生根本性的转变，国家已经布局两张“天网”覆盖中国境内所有纳税人，包括企业纳税人和自然人纳税人。

税控天网（见图1-1）关系到老板个人的财富安全。

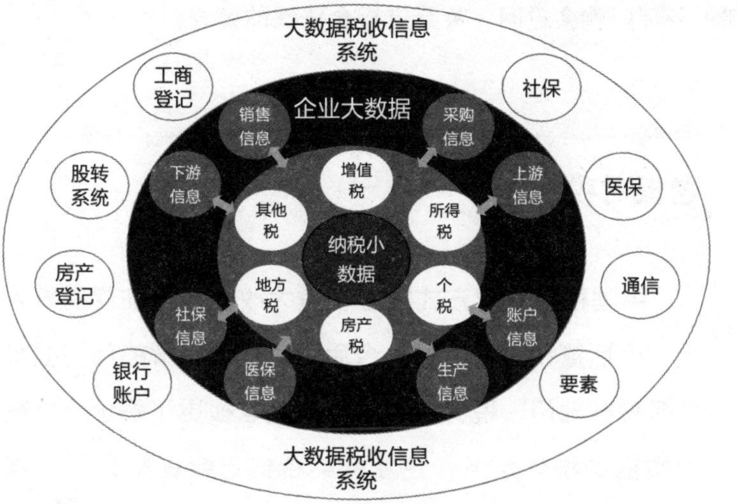

图1-1 税控天网：企业版金三大数据税控系统

金三大数据税控系统的设计逻辑是整合“税务+各相关部门的有关企业的信息”，含工商注册、金融机构、海关外管、社保部门、股权交易等众多涉及企业业务信息的政府职能部门和提供公众服务的机构，税务部门掌握纳税人的信息量几乎跟纳税人同步。例如：凡有两套账的企业都是通过私人账户转移和截留部分企业收入，达到少交税的目的，但随着税银间信息的共享，税务部门就能及时掌握一些私人大额交易的异常，也能对合法性进行识别。

从全球来看，所有发达国家对纳税人进行税收管控，都是从对公和对私银行账户入手，无论企业和个人，都是通过金融机构进行业务交易，税务部门能及时掌握纳税人对公和对私的资金流向，就等于管住了税源。例如：美国对私人账户发生交易的合法性是要进行严格审查的，在美国，如果两个自然人之间发生资金交易的金额过大，美国联邦税务部门就会过问，甚至进行合法性的稽查。

老板财税知识

中国税收管理方式发生了重大改变。过往管税靠人治，今后管税靠大数据。今后对企业最了解的部门很可能是税务部门，税务部门可能会比老板更了解企业。在大数据纳税体系下，企业的纳税信息会在阳光下“裸奔”。因为基于大数据的税务监管体系，之前国家管税是被动的，现在国家管税是主动的！企业过往常用的避税方式十分危险，如果纳税人还执迷不悟，之前赚的钱都只是为国家“临时代存”而已。

“金税三期”上线后，通过后台大数据比较，税务局可以以票控税，主动发现企业虚开增值税发票的线索。2020年，国内多地曝出多起涉税大案，查票涉税大案有井喷趋势！

金三系统的核心是以增值税发票构建新的发票管控体系，如图1–2。

中国是全球经济大国中用发票进行控税的国家之一，在中国，发票都是国家监制和印刷的，国家管控发票就像对人民币发行一样严格管控。金三大数据税控系统中，增值税发票管税新功能很强大。税务

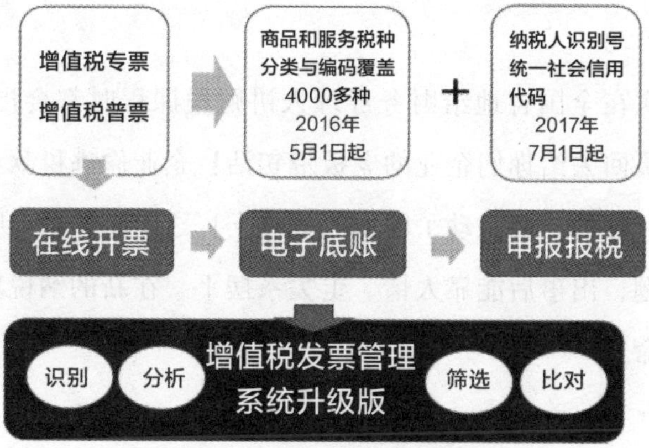

图1-2　增值税发票新系统

部门可以直接通过后台数据库，对纳税人进销发生的增值税有关业务进行大数据分析，甄别和预判纳税人进销发票的异常现象，并锁定有重大涉税嫌疑的目标。

我在各地给学员讲课中，强调企业版的金三大数据系统全面启动后，最近一两年国内各地破获的虚开增值税发票的大案出现了井喷，税务部门还是原来那些人，纳税人也还是原来的那些纳税人，这一现象说明金三大数据税控系统的威力开始显现。虚开增值税发票的多是空壳公司，新的税控系统上线后，税务部门能通过后台数据及时发现一家空壳公司异常的进项发票暴露出的问题。

例如：在陕西某县注册的商贸公司成立不到一年，开票交易金额很大，超过上亿元。税务部门通过后台数据分析发现，这家销售商品上亿元的企业，进项发票中没有发生物流、仓储、管理费等跟销售货物有关的项目。因此，税务部门断定，这家企业很可能是一家空壳公司，专门虚开发票谋利。该目标锁定后，税务部门联合公安等部门开展了猎捕行动。

我每次在全国各地给财务经理人讲财税课程时都会提到："请来听课的学员回去给你们企业的老板带句话！企业偷逃税款和官员贪污的性质是一样的，都是动了国库的钱袋子！之前靠买票走账、玩票，是钱的问题，出事后能靠人情、走关系摆平。在新的纳税环境下，买票就是玩命！"

主动求变

面对涉税问题时，老板困惑，财务委屈。很多企业老板困惑："我们的企业从来就不想偷税，可为什么税局一查我们就被罚？"很多老板感慨："经营风险能控得住，为什么涉税风险总也规避不了呀？"其实，这些问题都可以通过企业主动求变来预防。

（1）定期体检，及早发现，及早解决。

企业需要养成定期审视税务问题和企业财税查体的习惯，不要等到涉税问题发生了才去救火。

（2）定期学习，知识更新，知己知彼。

在"财税风口"期间，税务新政策会频出。企业一定要定期参加财税学习，及时了解新税收政策和监管的最新动态，不交冤枉税，不错交税，主动享受最新税收优惠。

（3）税变企变，顶层设计，业财融合。

企业只有主动求变，才能应对"财税风口"下的税收监管新环境。老板要积极参与企业财税顶层设计。

老板财税知识

老板是企业财税合规第一决策人。

企业财税不合规，从根本上讲不是财税技术层面的问题，是老板的价值观和法律意识出现了问题，财税不合规，根在老板，老板是财税不合规最大的法律承担者。

02
定 位

做了老板，注定跟财务结缘。老板的很多工作都跟钱有关：赚钱、花钱、管钱、找钱、分钱。业务思维能让企业赚钱，财务思维能让企业更值钱！

我在给学员讲课的过程中，曾有一位学员问：“企业做了两套账，有无办法规避税务风险呢？”我说，企业只要做了两套账，定会面临风险，企业做不做两套账不是财务技术层面的问题，本质是老板的财务价值观问题。因此，企业做不做两套账，本质上取决于老板的财税决策。财务人员做两套账只是执行老板的财税指令而已。

在中国，做老板是高风险职业，这主要是因为老板处在三方利益交会处（见图2-1），要对国家、对客户、对员工负责。任何一方出现了重大问题，老板都处在风口浪尖上，各种矛盾爆发后，老板都要承担最终的责任。

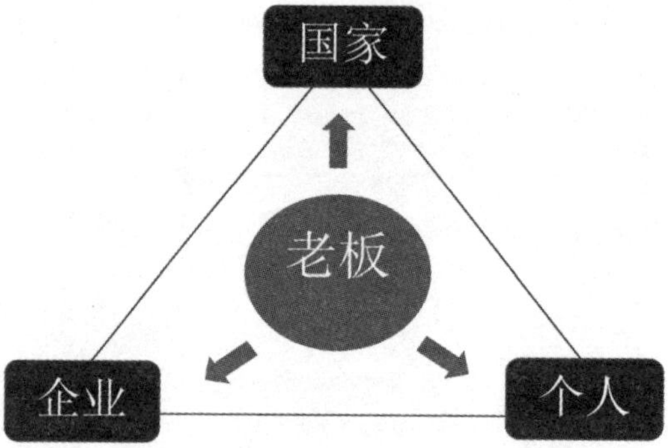

图2-1　老板处于三方利益交会处

老板需要算好3笔“大账”。第一笔账：老板要跟国家算清“明白账”。第二笔账：老板要跟客户算准“利益账”。第三笔账：老板要跟员工算好“激励账”。

在长期给民企做财税咨询的过程中，我通过接触大量的民企财税案例后发现，老板对企业财税结果起到关键的作用，是影响企业财税结果的第一决策人。他们主要在六大方面（见图2-2）影响企业的财税结果。

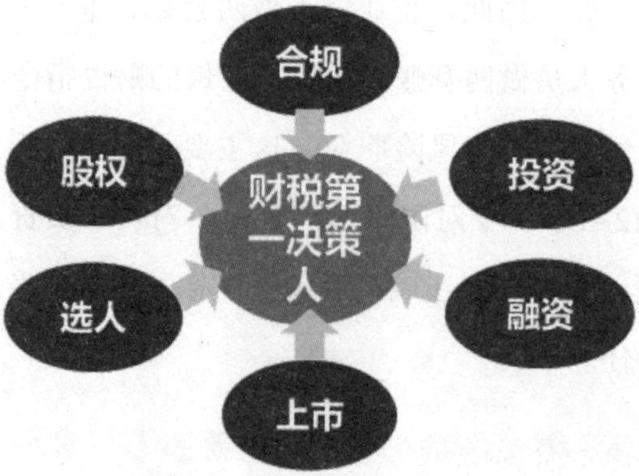

图2-2　老板财税角色新定位

合规——老板是决定企业财税合规的重要决策人

对民企财税合规问题，我们需要从中小民企的发展历程看。老板们开公司开始创业时大多数是抱着走一步看一步的心态，公司能否活下来都是未知数。他们创业初期多是采用一些能省钱的方式来快速完成原始积累，属于光脚的不怕穿鞋的，对要不要合规，多是无知者无畏的心理。

早期创业者身上都有一种敢闯、敢担风险的劲，凡事都是先干再说，至于合规与否，等企业做大了再考虑。

凡事都有利弊，老板们身上敢闯敢干的优势，以及比一般人更敢于承担风险的勇气，能让他们快速实现财富的原始积累，把生意和企业做到一定规模。一旦公司做到一定规模，财税合规问题就成了老板们首先要解决的问题。财税合规问题不彻底解决，老板们就算有再多的资产，心里都会发虚。

我和老板们在实际沟通交流中总强调，你们做企业不做财税合规，其实就是在无形中给自己和企业埋下无数颗雷，一旦有一天引爆了其中的一颗，之前积累的财富都会付之东流。

老板财税知识

财税合规的长期价值远远大于合规的当期成本，合规事关企业存续和生死。销售额做到3000万元以上的中小民企老板，必须把财税合规放到企业发展规划中，把实施计划提上日程。否则，随着企业规模扩大，企业面临的合规成本代价会越来越高。

投资——老板决定企业的投资项目和投资金额

客观来讲，民企老板大多有对外投资的动机和冲动，外部的环境主要是前些年国内各领域都有新的产业亮点和新的赚钱机会。前些年，国内很多培训机构都给老板灌输从实业家向资本家转型的投资理念，不少已经完成原始财富积累的老板们，都投了不少资金到新的产业领域中。

我在给企业做财务顾问期间，接触到了很多对外有投资的老板，但成功的投资项目十分少见，说明老板自己主导的对外投资成功率并不高。

【案例解析】

我从2016年开始服务一家企业。这家企业跟随某家服装上市公司起步，一路做到了该品牌省级经销商中排名靠前的位置。经过10多年区域服装零售领域的打拼，董事长夫妇已经积累起可观的财富。董事长是浙江人，爱学习，爱跟各路有投资项目的机构和人对接资源。截至2015年12月底，该公司董事长累计对外投资的项目多达15个，分布在童装、休闲食品、餐饮、信息技术、房地产等行业，累计对外投资金额近1亿元。

当时，董事长请我帮他梳理已投资项目的进展情况，并分析项目前景。我问了董事长一个问题："您投资这些项目的时候有没有想清楚，每个项目以什么方式退出。有没有评估过项目投资回报收益，有没有做过投资项目风险评估呢？"董事长答："没有。"最后我问了董事长一个核心问题："已经投资的这些项目，能收回本钱的有多少？"董事长答道："不会超过50%。"

跟董事长接触多了，发现他有着非常高的商业敏锐度，有魄力，但跨领域投资对于他来讲还是面临很多新的挑战。董事长跟我讲，他用5000万元的投资代价，总结出了老板投资三大原则：

第一，看得懂。投资的领域必须要懂，不懂的领域、项目，坚决不能投资。

第二，靠得住。投资就是要投对人，人不靠谱的项目坚决不能投资。

第三，帮得上。这一条最关键，投资项目选好了，不是回去就能躺着赚钱这么简单，投后对项目的帮助至关重要。投资人利用自己的资源和行业背景经验，对投后项目进行帮扶，对新投资的企业关键成长节点及时把控，这些对项目的运行来说十分重要。

这3条投资原则是需要花费高昂的投资学费后才能得出的老板投资心得，说明投资领域水很深，在投资领域里赚钱的难度远比做实业更难，风险更大。在实业中投资，看得见、摸得着，而进行跨行业投资时，往往风险不可控。做实业的老板想转型做“企投家”，这条路不比第一次创业轻松。

融资——老板决定企业融资金额和融资方式

无论大型企业、中型企业还是小型企业，都需要资金。大企业需要大额资金，小企业需要小额资金。凡是经营企业，各级企业老板都要时刻考虑资金需求，融资问题是中小企业老板们关心的头等大事。

中小企业融资多由老板亲自主导，这一做法有利有弊。做到一定规模的民企老板都有些融资的渠道和人脉资源，这是优势；但弊端是老板们对融资缺乏系统性综合考评，特别是对融资风险的考评不到位，会导致财务风险。

【案例解析】

山东某国际汽配城公司董事长是学土建出身，2008年之前，一直从事土建工程施工，积累了可观的个人财富。2008年之后，董事长开始布局商业地产的开发、建设和招商，个人投资上亿元资金在该地产项目上。按他最初的预计，该项目全面建设完工、销售，能实现2～3倍的投资回报。2016年年初，我在某总裁班授课期间结识了该公司董事长，他邀请我去他公司做财务状况诊断。

我到这家公司做了深度财务调研后发现，这家公司融资方式存在严重财务隐患。这家企业第一期项目总投资的资金结构中有近50%的资金属于高利息的民间融资，利滚利下的高利息民间融资是悬在这家企业头顶上的一把剑。我对这家企业董事长说："你现在的公司从本质上讲已经不属于你了，你等于是在给高利贷主打工。"

这家企业董事长说，当初想法比较简单，认为只要先把钱融到手，项目先启动，建成能把房子卖出去，还钱就不成问题。但该项目启动后，随着建设周期不断延长，特别是在三、四线城市，商业地产这几年都不太景气，大环境影响销售回款慢，这家企业的财务风险陡然增大。

投资建设地产项目属于长周期投资项目，项目工期受各种内外部因素影响，可能导致回款期延长，企业资金风险加大。不良的融资方式更会加重企业的资金风险。

上市——老板大多热衷企业上市但不懂上市

2009年创业板的推出，让中小民企看到了上市的曙光，更让很多民企老板看到了上市后个人财富暴涨的致富天路。

【案例解析】

2016年5月末的一天下午，我在郑州高铁站上车前往石家庄，车程大约一个半小时。我有个工作习惯就是在高铁上写工作总结和项目分析报告。那天我正在写刚调研完的一家河南企业拟IPO（首次公开募股）财务整改方案，坐在我旁边的是一位气质不俗的中年人，他不时地看我写的内容，刚开始的时候还没有引起我的注意。车开了近1个小时，我写的诊断报告也有1500多字时，我发现这位老兄还在盯着我的内容看。凭借多年财务顾问的直觉，既然他对我写的东西这么感兴趣，那一定是做企业的。我稍微停顿了下，两只手离开电脑，侧转了身子面向这位老兄微笑。他突然问我："你是做什么职业的，你懂上市呀？"我答道："我的职业是财务顾问，帮多家企业运作过IPO。"我这句话刚说完，这位老兄马上很激动地说道："不提上市还好，一提上市就来气。为了上市，我们企业已经花费了几千万的财税合规代价，现状是上也上不去，退也没有了退路。”

我一问才知道，他的企业在江苏扬州，主要从事空调和制冷配件的设计、制造和销售，年销售额近3亿元。3年前，这家企业开始着手IPO的准备，为了上市做财务梳理、财税合规再造花费的成本不菲。

我问这位企业家老兄：“你们公司在启动上市前，有没有做过上市评估呢？”他答：“没有做过上市评估。”我跟他讲，企业IPO就像一场超长距离的马拉松比赛，参加马拉松之前，一定要先做体检和试跑，测试自己的体质和身体状况。否则，企业很可能会踏上一条上市不归路。

在网络信息高度发达的今天，一些媒体渲染和鼓吹IPO造富、富豪榜等热词，再加上一些外部中介机构和培训机构给中小民企老板“洗脑”，说创业板、中小板上不去的可以上新三板，放大了上市后的成果，很多做实业的中小民营企业家都对上市有了更多的期待和憧憬。但绝大多数中小民企老板不具备独立判断企业能否上市的评估能力。对于任何机构来讲，辅导企业做上市只是生意，但对于企业来讲，上市是与企业性命攸关的重大决策，一旦把控不住上市决策的大方向，后果会很严重。

中小民企在决定是否上市时，必须要有自己的独立判断，主要基于三大关键评估：

评估1：当企业完全财务合规后，还有钱赚吗？

如果企业完全合规后还能实现可观的净利润，这类企业选择上市属于低风险。相反，如果一家企业完全合规后净利润不足500万元，还想上创业板、中小板，想通过财务业绩包装来赌上市，那这家企业一定是高风险上市。

评估2：企业有没有想清楚，上市后3～5年企业怎么发展？

企业IPO不是马拉松的终点，而是另一场超长距离马拉松的新起点，如果企业没有想清楚，没有制订更长远的企业发展规划和目标，即使有个别企业能侥幸上市，但上市之后会发现，后面的路更艰难。企业在评估上市时必须做好未来3～5年公司战略发展规划。

评估3：企业历史财税合规成本高不高，企业有无能力承担？

财税合规问题是IPO企业面临的一道坎，解决需要时间和成本代价。

老板财税知识

无论找什么样的上市中介机构，无论上市中介机构怎么承诺，老板一定要把控企业上市决策的大方向，特别是要全面做好上市决策评估，一定要掌握自己企业的命运。

选人——老板决定财务人的能力

通过长期跟中小民企财务人员打交道，我发现中国中小民企财务人员主要由5类人组成。

第一类，野路子型财务人。他们大多没有在正规大企业从事过财务工作，一走出校门就在中小民企里混，老板怎么吩咐他们就怎么做，看似很忠诚，其实他们的专业能力和职业操守是短板。当他们在一家企业做了几年财务工作，感觉到企业已经积累了不少财税风险后，就会选择离职。如果一家企业连续多年有野路子财务人员离职，后面的入职者谁接手谁难受。

【案例解析】

2019年2月，我在浙江永康给一家企业做财务顾问期间，董事长夫人通过朋友介绍新招来两位财务，一位戴眼镜的女孩子穿着朴实、做事踏实，另一位穿着比较“潮”的女会计则鼓动董事长夫人继续让该企业做两套账。凭顾问经验，我发现第二个女会计做事没底线，财务操守差，知法犯法，属于典型的野路子型财务人。

明事理的老板和老板娘不会用这类野路子的人做财务。这类财务人忽悠了一家企业，辞职后会继续再找下一家，反正老板自己无法评估这类财务的短板和真实水平。这类财务人最大的问题是守不住财务工作底线，职业操守差，说白了就是人品有问题。为什么这类野路子财务在民企里有生存空间和市场？一个很重要的原因是老板本人财务专业知识匮乏，判断不出野路子财务的专业水平。我在咨询工作中遇到咨询客户中有野路子财务人时，如果他们为自己不当的财务行为狡辩，我会单刀直入地指出他们的问题。

第二类，刚毕业的财务人。大学扩招后，学财务、统计、审计、会计的在校大学生很多，每年这类应届生足有上百万。“高大上”的企业每年吸纳的毕业生人数有限，他们中绝大多数的去向都是中小民营企业。国内高校财务专业大多偏重理论，课程内容更多适合大企业，学生在上学期间学到的财务知识跟入职后中小企业所需的财务技能需求差距是非常大的。

中小民企在对新招财务员工的财务专业技能培训上，投入明显不足。加上企业里现有财务人员专业能力偏弱，整个企业财务环境和氛围，对新入职的财务人来讲有潜移默化的影响。

财务新人专业能力的培养，需要老板高度重视。只要给予财务新人正确的引导、足够的信任，多给他们提供培训机会，努力提升企业内部财务专业技能的学习氛围，很快，他们就会成为可靠的财务人。

第三类，“老弱病残”型。这类财务人员大多有15年以上的财务工作经验，尽管工作的时间不短，但财务知识结构老化，财务综合能力偏弱，工作态度不佳，不思进取，内心深处不想接受改变。

在给企业做财税咨询的过程中，接触这类财务人是最耗费时间和精力的，跟他们的沟通成本会很高。

第四类，“皇亲国戚”型。他们大多跟企业老板沾亲带故，对老板的忠诚度高，是企业早期创业过程中的功臣。他们中的少数人能跟着企业发展不断学习进步，不断开阔视野和财务格局，真正成为老板事业的左膀右臂；但大多数人往往会遭遇自身财税综合能力和财务格局的制约。

第五类，实干学习型。这类财务人员大多跟随老板打拼的时间长，更可贵的是他们都有意识和悟性，能根据企业发展所需，不断学习充实自己的专业技能，有很强的学习力。当选择财务这条职业发展之路时，财务人后天的学习能力对其一生职业生涯至关重要，企业财务更是以实践为导向，重技能，重解决问题的能力。

爱学习的财务人更愿意接受新的理念，更愿意与人沟通、交流和分享。老板身边如有工作踏实、爱学习的财务人，一定要着重培养，把他们培养成事业的左膀右臂。他们在为企业辛勤付出的同时，自己也能实现个人价值。

股权——老板最核心的资产就是股权

【案例解析】

我在浙江嘉兴有位关系很好的企业家朋友金总，金总有个企业家朋友是做厨具的。这家企业2017年跟一家龙头地产商签订了股权转让协议，出让60%股权，现金收购，估值超过6亿元。这位朋友给金总看了股权转让协议后，金总感觉有些不太对。合同中有对赌协议，约定公司业绩在2018年要做到销售额12亿元，比收购前多了5倍（收购前只有2亿），净利润要达到8000万元。这位朋友表态，完成对赌业绩指标没有问题，仅新签订的厨具业务收入就会超过10亿元，利润率也很高，对完成对赌协议的指标信心满满。两年后如果业绩完成，他能拿到手的现金至少有3亿多元。此时，金总也有点动心了：辛苦做企业一辈子，他也希望能找到一家大"金主"把公司卖掉，名利双收。但金总还是很谨慎，觉得这件事没这么简单，虽然担心的原因他一时半刻还想不清楚。果然如金总担心的，这笔股权转让交易最终失败了，不但股权转让的现金没有拿到，还几乎赔光了整个企业的家底。

这家企业的问题究竟出在哪里呢？

一次吃饭，金总讲到这个案例，跟在座的人解析这家企业的失败原因。

我和金总讲道，这家企业突然从销售额2亿元做到12亿元，等于要跨一道大坎，非常考验这家企业的供应链能力及内控、产品质量体系，以及整个企业的系统管理能力。这显然已经超出了这家企业现有的能力了。说到此，金总马上点头称赞：看得真准！

这家企业销售额预计能增加5倍，在企业规模扩大的同时，企业的短板也在放大。短板放大是不可控的，会出现灾难性的后果，企业对自身短板缺乏足够认知，也缺乏系统应对方案。该企业的问题实质还是出在老板身上，他想通过放大某个点的优势把企业规模做起来，但他自己还不具备系统性的管理能力。这是广大中小民企发展进程中遇到的最大瓶颈——企业老板不具备系统性管理思维和认知。

老板财税知识

中小民企老板都是靠个人能力把企业做到今天的，他们身上的优势和短板都非常突出，最大的短板就是缺乏系统性管理思维和认知能力。在经济快速增长的年代，市场需求强劲，企业发展速度看似很快，赚钱手到擒来，但高速发展的背后掩盖了企业的短板，也掩盖了老板们的短板。一旦外部经济环境发生变化，老板们的短板会更加凸显。

在经济高增长年代，会放大企业的优势。一旦经济开始疲软，一定会放大企业的短板。

老板们做任何单笔生意都能玩得起，也赔得起，唯独股权玩不起，更赔不起。生意赔了，影响的只是老板局部的利益，不会伤筋动骨，但股权出了问题，影响的可是老板整个身家性命。

做民企老板真的很不容易，需要十八般武艺样样精通。

业务、营销、模式都是外功，财务是真正的内功。企业想做得久，老板必须在财务上下功夫！

03 家　底

家底是老板的命根子。透过家底，可以看出民企的财务风格。

家底一词不是传统财务术语，它更贴近民企实践，更贴近民企老板对财务的认识，是我在咨询实践中总结出来的。

它是我总结出的老板财税六大核心问题之首，用家底这个词，主要是为了让老板聚焦再聚焦，引导老板们重视财税问题。用太专业的词，需要花太多时间向老板们做解释，而且他们未必能有触动，必须一针见血地把企业问题说透，才能触动老板的内心。

很多企业外表看上去非常“高大上”，有气派的总部大楼、奢华的办公间、宽敞的厂区、成规模的车间和价值不菲的设备。很多人会认为具备这样硬件条件的企业一定很有实力，老板身价一定不菲。

但如果带着“财务视角”去重新审视上述企业，可能情况远不如大多数人看到的那样好。如果把这家企业所有的欠债还完，可能会出现3种截然不同的情况。

第一种：当把所有的欠债还完，眼前看到的这家企业的一切，都还属于这家企业，说明这家企业的家底很厚，属于厚底子型。

第二种：当把所有的欠债还完之后，企业的资产几乎被清零，资产有但所剩不多，说明这家企业属于为债权人打工的薄底子型。

第三种：当把所有的资产都用于还债，该企业依然还有巨额负债，说明这家企业资不抵债，亏空很大，属于典型的空底子型。

空底子的企业跟规模无关，几千万、几亿、几十亿、百亿、千亿级的企业都有可能出现空底子，只是大公司家底计算覆盖的内容更复杂、更综合，但它们的家底逻辑跟小企业一样。家底对于不同规模的企业来讲，没有高低贵贱之分，更没有行业之分，对所有的民企都适用。

家底“杀手”

影响老板家底的“四大杀手”：

经营失血

当企业尤其是实体企业长期处于亏损，企业缺乏利润积累时，随着经营持续“失血”，老板家底会越做越空。

不良资产

企业账面有利润，看似家底不错，可是一旦将不良资产纳入考量范围，家底立马变薄，甚至是变成空底子。不良资产包括：

（1）无法收回的应收款；

（2）无法变现甚至贬值的库存；

（3）闲置导致损失的固定资产；

（4）打了水漂的对外投资；

（5）无法收回的对外提供的贷款；

（6）出问题的理财产品和金融产品。

不良资产对企业家底的影响犹如“温水煮青蛙”，平时可能难以察觉，但如果企业里没有一套有效管控资产质量的方法，随着时间的推移，不良资产就会像不良细胞一样慢慢扩散，吞噬企业。

担保、互保

给第三方公司、个人提供的担保、互保，对方如果出现债务危机无法兑付，担保公司就要连带承担法律赔付责任，导致资产损失，家底被掏空。

涉税风险

很多老板在交税上存在“口袋”心态，认为不交税、少交税，钱就在老板自己的钱袋子里，交税等于是从老板的口袋里往外掏钱。逃税，尤其是恶意逃税，性质恶劣，本质上是动了国家的钱袋子。在税务问题上心存侥幸的老板，他们现存的家底等于是暂时替国家代存而已。每年因涉税问题导致老板家底被清空的例子，比比皆是。

复盘家底

2021年新年伊始，不少大型民企家底暴雷。海航、方正、雨润，这些都曾是资产过千亿的超大型企业，也是典型的空底子。2021年1月29日，海航宣布破产重组。1月22日～23日，我在海口中税网讲管理会计中级课程，晚上骑共享单车游海口，正好骑行到海航总部大楼附近。整栋大楼灯光暗淡，远不如当年辉煌时那样灯火通明、人流不息。

我平时出差多，坐飞机次数很多，海航是我非常喜欢的一家航空公司，空姐热情、服务周到。2021年1月22日，北京飞海口，我乘坐的就是海航，当时它的空中服务依然一流。单看海航，绝对是一家一流的航空公司。而出现重大财务问题的是海航集团，海航是海航集团旗下子公司。

定性家底

如前文所说，企业有3种家底类型：厚底子、薄底子和空底子。空底子用财务专业术语讲就是“资不抵债”，但跟民企老板讲，用“空底子”更接地气，更符合民企老板们的财务认识习惯。空底子跟企业大小无关，跟行业无关，乐视网、海航集团都是典型的空底子。

家底公式

一家企业的家底可以通过家底公式来计算。

家底公式＝净资产（老板投的＋企业赚的）＋资产增值－资产损失-风险损失

“老板投的”用财务术语来说就是“实收资本”，本质就是股东投资。

“企业赚的”指的是“未分配利润”，即财务计算的账面利润。如果企业的账不完整，尤其是有两套账的情况下，账面利润就是一笔糊涂账，只能算个大概。我在咨询过程中发现，有的老板纠结的财务问题就是企业到底赚不赚钱、赚多少。老板问财务，财务也是一头雾水。

资产增值：财务记账都是按历史成本法计算，账面上体现的资产都是账面金额。有些资产增值了但并不体现在账面上，尤其是早年购买的土地、厂房、建筑物。因为这些年地产土地增值，导致实际价值远比账面价值高得多。

资产损失是影响家底的关键因素。

（1）应收损失：客户拖欠应收账款形成呆账、坏账，导致应收资产损失。

（2）存货损失：存货账实不符，因季节性、时效性因素导致存货严重积压，无法变现，失去销售最佳时机，导致存货价值严重缩水，给企业资产和家底带来直接损失。

（3）投资损失：企业因投资不当导致投资项目打水漂。投资的项目资金在账面上只是数字，根本无法收回投资本金，本金损失，导致投资资产损失、家底损失。

（4）借款损失：老板将公司的钱借给其他公司，当对方公司无法偿还该笔借款时导致的家底损失。

（5）其他损失：例如其他应收款损失，设备资产保管不善导致的损失等。

风险损失属于资产负债表外的损失，但危害性最大。风险损失主要由以下5种情况造成：

（1）对外担保：给其他企业、其他自然人提供了金融担保，对方违约，导致金融机构对提供担保的企业进行强制执行。该企业必须赔偿金融机构的贷款损失，导致该企业家底出现重大损失。

（2）借高利贷：现实中很多老板对外都借了高利贷，连公司财务都不知情。高利贷所承担的高额利息成本甚至比本金更可怕，很多破产跑路的老板都是因为借了高利贷。

（3）对赌协议：签订含有对赌条款的合作协议，一旦触及对赌协议生效或诉诸法律，老板面临的将是被扫地出门，甚至所持公司的股权被清除或严重稀释。

（4）股权质押：股权是老板最核心的资产，股权作为有效融资手段，被很多老板用于各类融资。但股权融资是双刃剑，用不好有可能面临股权被吞噬的情况，这会导致企业家底面临重大损失。

（5）税务风险：有两套账和“家财务”原罪的企业，最终会被国家“秋后算账”，面临被认缴甚至加倍处罚的风险。

复盘家底计算公式如图3-1。

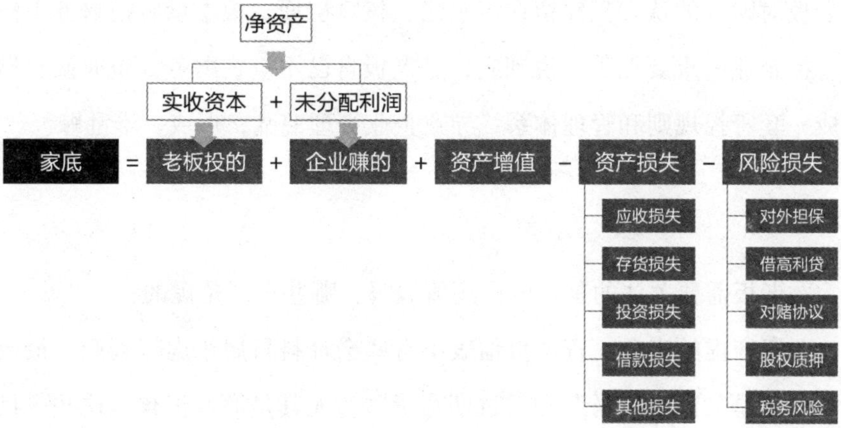

图3-1 家底计算公式

家底诊断

资产负债表反映的是老板的家底，审视资产负债表时需要从4个方面做家底质量的诊断：

乱

老板需要关注的是：财务乱不乱？哪些财务乱？

财务乱的表象：账目混乱的企业，家底一定混乱，存货乱、往来乱、资产乱、负债乱，家底只能算个大概，算清家底成了一笔糊涂账。例如：资产账实不符，即账面资产跟实物资产对不上，差异很大。

财务乱的实质：财务混乱只是表象，实质是老板财务思维混乱，老板对财务的认知只停留在流水账、核算层面，根本没有把财务当作管控企业的重要抓手。说到底，是老板自己不重视财务，企业没有形成一套管控规则和管理体系，导致企业管理混乱，形成一堆乱账。

虚

老板需要关注的是：资产还值钱吗？哪些资产是虚的？

资产虚的表象：资产负债表中有些会计科目属于虚拟资产，最典型的就是“商业信誉”和“过期存货”。尤其是商业信誉，这些科目只是“数字”，并不代表实物。比如国内一家影视上市公司华谊兄弟，账面上商业信誉高达几十亿元，都是因为高溢价收购了很多明星成立的空壳公司。海澜之家、美特斯·邦威等诸多服装上市公司，账面上巨额的库存金额都是虚的，服装过季、过期，账面的库存金额会大幅度贬值。服装上市企业拉夏贝尔爆出连续几年巨亏，原因就是虚高的库存。

资产虚的实质：老板的关注点和财务风格由“务实”到“务虚”转变所致。

空

老板需要关注的是：资产空吗？哪些资产是空的？

资产空的表象：资产负债表中有些资产和负债是空的。例如：其他应收款，账是记了，但只是个数字而已，这笔钱可能永远收不回来；长期股权投资，对外投钱，但投资项目打了水漂，账面上的钱永远也收不回来。

资产空的实质：投资不当、决策机制不健全、内控缺失，老板一言堂所致。老板说的话，其他人不敢反对，也不敢提不同意见，只能被动接受。

险

老板需要关注的是：家底有哪些风险，资产负债表外的风险有哪些。

家底险的表象：资产负债表外的风险主要有对外担保、互保、连保，借高利贷、股权质押、买卖发票、两套账恶意逃税等。

家底险的实质：老板不按常理出牌，铤而走险所致。

案例分享：怎么看清家底

老板创业史

赵先生是浙江宁波慈溪人。和很多浙商一样，他幼年时家境贫寒，读书不多，16岁就离家外出谋生了。闯荡社会之初，他只想学会一门手艺养家糊口。赵先生跟着一位同乡长辈学做家具，凭借着聪明和勤快，跟师父学了3年就练就了一手不错的做家具技术。

赵先生的同乡中有不少人在北京周边办家具厂，销往京津地区。1995年，赵先生在北京大兴自主创业建家具厂。

赵先生本人对家具品质和款式非常重视，他也是同乡中少有的具备品牌意识的老板之一。他开始加大品牌宣传和产品设计的投入，以“南洋”命名的实木家具品牌在京津地区民用家具市场开始拥有一定的知名度。

夫妻分工

赵先生和他夫人许女士是同乡，两人青梅竹马。夫妻俩一起创业，自赵先生创业起，许女士就负责记账和管钱。按许女士的说法，赵先生做小厂子的时候，她每天给他记账、收款、付账，家里的钱和厂里的钱都是她在管。赵先生从来不管财务的事，一直主抓产品和销售。现在许女士是公司里的财务总监。赵先生的企业组织架构如图3-2所示。

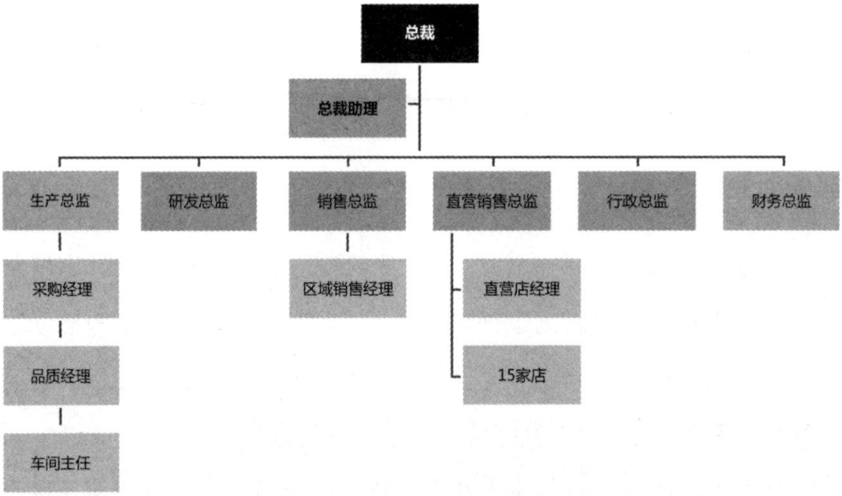

图 3-2　赵先生企业组织架构

备注：财务总监许总即老板赵先生的妻子；生产总监许总是老板娘的哥哥，即赵先生的大舅哥。

特别说明：观察和审视民企组织架构需要用“二维”法：第一维度是按职务，由高到低看；第二维是按血缘关系和亲近程度，民企人员构成沾亲带故非常普遍。在咨询过程中，看懂图3-2很关键。

赵先生的四大困惑

（1）为什么企业总缺钱？

赵先生一直很困惑的问题是，为什么企业一直缺钱？

赵先生本人看到的事实是，企业每年的收入都在增长，从年收入几百万元开始起步，两年后就突破了1000万元，再过两年突破了3000万元，创业第10年收入就达到6000万元，在同乡企业里也属于佼佼者。

企业规模小的时候，他觉得等收入上去了，企业就不差钱了；企业年收入2000万元时，夫妻俩认为要是收入达到5000万元企业肯定不差钱。然而收入达到5000万元后，企业还是很缺钱。夫妻俩当时分析，还是收入规模太小，要是销售收入突破1亿元，到那时肯定就不缺钱了。夫妻俩每次都是这么想，但次次都事与愿违。

到2014年年底，企业销售规模已经能做到2亿元以上了，在京津地区也算得上是很有规模的实木家具企业了。为什么企业还是缺钱？赵先生夫妻俩一直不明白。

这些年为了企业扩张发展，赵先生夫妻俩在找资金上花了很多精力。小贷公司、抵押担保公司、宁波商会、镇农工商公司等，能想到的贷款方式都想到了，连家里两套住房都抵押出去了。

（2）做企业20年，家底都去哪儿了？

在宁波同乡人眼中，赵先生属于成功企业家，很多同乡都把他们看成身价上亿的大老板。在同乡面前，赵先生也觉得自己很有面子。但其实，他自己心里面也困惑：近五六年来，企业每年收入都过亿，加在一起的收入都超过10亿元了，按10%计算，自己也得有上亿元的家底了，可是无论是看自己家还是看整个企业，都远远没有身价上亿的底气。

担任企业财务总监的赵夫人不清楚企业实际的家底，财务经理也说不明白企业真实的家底到底有多少。赵先生对此很是困惑。

（3）老板娘该不该管财务？

赵先生心里很矛盾，企业规模越做越大，人员越来越多，老婆还适合做财务总监吗？家里和公司里的财务由她一个人管适合吗？该找其他人做财务总监吗？这个决定赵先生自己很难做。毕竟，夫妻俩一起白手起家，企业规模还小的时候，就是妻子亲自记账和管钱的。

夫妻俩一路辛苦走过来，也将企业做到了现在的规模，赵先生心想，还是继续这样往前走吧，反正财务上也没出过什么大事。随着企业规模越做越大，企业外聘的高管人数迅速增加，主管销售、采购、生产和技术的经理人数迅速增多。企业高层和中层中经常有人在背后议论老板娘许总管财务的种种是非，有些话也在不经意间传到了赵先生的耳朵里，归纳起来就是：

（a）中高层每次找老板娘报销签字，心里都很不舒服。多位高管私下反映，每次找财务总监签字报销、付款时，总感觉是花许总家里的钱一样，许总摆出的态度让请款人心里很不爽。

中高层私下一致认为，企业是老板家的不假，但他们既然是为企业办事，老板娘就不该把个人情绪掺杂在里面。而现在，找老板娘报销要先看她的心情，她心情好或是被哄得高兴了，签字就很痛快，反之就很麻烦。

（b）老板赵先生在企业花钱的问题上和财务总监也有分歧。赵先生属于产品型的老板，他有做大企业的决心和目标。老板娘人不错，这么多年一直帮他打理企业财务，作为妻子和财务负责人，也的确付出了很多精力。

毕竟，许总受限于自身的学识和视野，事业心上很难达到老板赵先生的高度。随着企业业务越来越多，许总便希望多往家里放些钱，给一双儿女多准备些家产，给自家兄弟姐妹多些贴补。例如两年前赵先生想投资一条新的喷漆生产线，提升家具的美观性和品质，但需要投资1000多万，老板娘非常反对，最后这事不了了之。赵先生看到同行的其他企业上了新生产线后家具在市场上受到热捧，心里很不舒服，遗憾当初没有坚持自己的想法。

（4）老板要重视财务吗？

赵先生做企业20年了，他的精力都投入到了研发和销售上，一直以来都没觉得财务很重要。企业和家里财务上的事，他基本从来不过问，全部交给妻子打理。

企业规模小的时候，赵先生没觉得财务问题有多重要，随着企业规模过亿，赵先生感觉到了，做企业尤其是做成规模的企业，和做小企业完全不一样。

企业规模小的时候，每天进货、采购、销售、发货等基本情况全在赵先生脑子里，什么数字也不看、什么报表都不审，他就能知道货卖得怎么样，钱收得怎么样，仓库里还积压多少产品等。整个公司的家底全都装在赵先生脑子里，他自己全能想到。现在企业做大了，外地的直营店就有6家，生产车间有5个，员工人数接近1000人。看着企业里每天大进大出，仓库里的货也越堆越多，赵先生却觉得不踏实了。但他自己还真的说不清楚原因。

赵先生一直在想，现在到底该怎样去管理自己的企业？通过什么方法知道下面的人做得怎么样？通过什么方法能看清企业的经营全貌？这些问题一直困扰赵先生。

直指短板

我听取了赵先生关于整个公司的介绍和他本人对公司现状的分析后说："赵先生，您把企业做到现有规模很不容易，看得出您身上有企业家精神，想把企业做大做强。"我接着说："企业规模是上去了，可经营质量到底怎么样，企业的家底究竟是什么状态，并不清楚。第一步我们得帮您算清目前的家底。"

我和企业财务经理沟通后，看了财务报表。凭多年跟民企打交道的经验判断，该公司财务报表根本就无法真实反映公司的实际业务和资产状况，只能采用实地观察法去了解公司的家底。

第一站到成品库，我到了成品库后问库管员："你们的存货按入库的时间顺序进行管理吗？"库管说他刚来不清楚。我又问，你们能区分生产出来超过3个月还积压在仓库没发出的货有多少吗？库管说分不出来。我接着问，所有成品库里生产超过一年的商品还没发货的有多少呢？财务经理和库管都答不上来。

我看得很仔细。在一堆已经积了一层灰尘的商品包装箱前，我停下了脚步，问库管这些货是什么时间生产的，库管找到包装上的标签，说这批货是2012年7月生产的，已经在仓库里放了两年了。我问财务经理，为什么这些商品没有及早处理。财务经理说，这些货堆在这儿没人管也没人问，就这么放着呗。

我又发现了一堆缺胳膊断腿的家具：大衣柜缺门，卧室柜缺抽屉，梳妆台缺镜子……我问库管和财务经理，这些家具是怎么回事，他们也不知道。这些残缺的家具足足占了近1/4的仓库。

赵先生说："臧老师，您今天不来仓库我都不知道仓库里的实际状况会是这样。"他找来一位在仓库工作时间稍长的库管员了解情况，库管员说，这些残缺的家具本来都是完好的，门店销售的人说要给顾客换新柜门，重新做需要时间，客户等不及，只能先从仓库里把现成的家具柜门卸下来给客户装上，剩下的部件没人管没人问，时间一长就变成残缺家具了。

赵先生说了一句："做企业这么多年了，光忙着往前冲，整天想的都是多卖产品多开店，就是没时间也没思路想想家底是怎样的情况，现在是该算清公司家底了。"

赵先生的企业目前属于典型的家底混乱状态，有如下三大主要症状：

（1）存货乱——不知道仓库里有多少货，不知道货到底值多少钱，不知道商品存货存放了多长时间。

（2）往来乱——说不清每个客户欠企业多少钱，算不清企业欠每个供应商多少钱；算不清老板欠企业多少钱，记不准企业欠老板多少钱。

（3）资产乱——企业里很多设备和物品是老板个人花钱买的，公司账面上没有体现；有些设备和物品是公司花钱买的，当初为了省税钱不开票，财务没有入账。

家底混乱背后是四大财务问题：

（1）资金流失：企业不能及时跟踪客户的回款，一些经销商破产后企业竟然不能及时发现，只能看着资金白白地从企业流出。

（2）利润流失：存货中出现的长期积压物品和残缺商品直接导致了企业辛辛苦苦做好的产品不能按原价销售，只能低价出售或当废品处理掉。

（3）税收流失：企业采购的设备和物资因没有正式发票入账，财务不能计提折旧和记入税前成本列支，增大了企业税收负担。

（4）财富流失：只有当企业家底厚的时候，老板个人的收益才有保障。家底乱直接导致股东的收益减少，股东财富缺少安全保障。

中小民企中出现赵先生公司这样家底混乱现象的不在少数，为什么中小民企做到一定规模，会出现家底混乱呢？

（1）老板们没有意识到财务管控的重要性。老板们在潜意识里还是认为业务最重要，有了业务就不愁钱、不愁利润。没有一个老板希望自己的企业家底乱。在创业初期，他们都是身体力行，靠勤俭节约、精打细算，才让企业积累了一定的业务资源和家底。但当企业过了生存期，业务出现暴涨之后，老板的精力和注意力都放到扩大市场、提高销售上去了，关注企业家底和财务的时间变得有限。在老板不重视财务管理的情况下，企业里没有其他人帮老板管理和整顿家底，因此才会出现企业规模越做越大，可家底越做越乱的情况。

（2）老板管理企业的思路没能彻底转变。很多民企老板把企业做到一定规模后，还是按做小企业的思路在管理企业。例如：有些老板凭经验和直觉管理一家2～3亿元销售额的企业，会发现创业时的办法和套路已经不管用了。做生意赚钱靠的是业务，做企业赚钱靠的是体系化和系统化的全面管控。

（3）财务与业务严重脱节。财务记账并没有完全与企业业务同步，财务人员几乎很少接触到业务。财务做账的思路是业务部门提供什么就做什么，很少指导业务部门，例如采购发票怎么开，哪些采购必须要增值税发票，客户换家具部件必须经过哪些手续等。财务报表反映不出企业真实的家底状态，时间长了，老板也就不看财务报表了，因为看了也没用。

（4）企业业务规范性差。财务人员不敢给业务部门提要求，提了要求业务部门也不执行。完全凭业务人员尤其是销售人员在企业里自行制定规则，没有其他部门监督和规范业务部门的行为和工作成果。

老板财税知识

民企的特点是，老板重视什么，员工自然会重视什么；老板忽视什么，员工就比老板更漠视。在现实工作中，员工会揣测老板的关注点，当员工发现老板对财务管控不重视时，公司销售、采购负责人和业务员就会对财务更轻视，导致负责购销业务的员工行为很难受控。到头来，受损的一定是企业和老板自己。

帮赵先生算清企业家底

我用通俗易懂的语言把资产负债表中枯燥的专业术语转化成赵先生最习惯的商业用语，介绍企业算清家底的最基本方法。赵先生听完就感慨地说："臧老师，之前我以为读懂财务报表很难，真没想到您用通俗的几句话就把财务报表解读得这么透，真是认识你们太晚了！"

一旁的财务经理也感觉很惊讶："我们之前用财务术语向老板汇报财务状况，老板很难理解。按您这种方式汇报，老板很容易就掌握企业的财务信息，清楚家底情况了。"

我问赵先生："您投到企业里的钱总共有多少？"

赵先生答："投进了1500万元。"

接着，我问："这些年您的企业赚了钱，但您没拿走一直留在企业里使用，这部分钱有多少？"赵先生说这个数字可真说不准。

我问赵先生："您借了多少钱？"

赵先生答："借了3家银行估计有6000多万元。"财务经理补充说："截至2014年2月28日，向3家银行借了6000多万元。这些借款多是通过第三方信用担保和抵押担保取得的。”

我又问：“借供应商多少钱？”赵先生答不上。财务经理说：“截至2014年2月28日，账上欠供应商的钱有1500多万元，采购经理手上还有一些没交过来的单据，还有些开不了发票的供应商，有200多万元还没付。”

“借赵先生私人的有多少钱呢？”财务经理道：“赵先生用自己的钱给企业买了一些设备，因没有发票入不了账，都没记账。估计有500多万元吧，这些账一直没做处理。”

我向赵先生说明：“截至现在，总共投到企业里的资金至少也得有1亿元。”

我继续问：“现在企业里的资产到底值多少？企业的家底还有什么？”我向赵先生解释：“您的企业已经投进去1个多亿了，作为老板，必须要知道这1个多亿投进各种资产中，企业的资产到底还值不值1个亿。如果资产值2个亿，您就赚1个亿；如果资产只值5000万元，您就亏了5000万元。”赵先生说：“是呀！就请您赶紧帮我们算算企业到底有多少价值？”

第一，现金有多少？财务王经理说：“公司账面上有600多万元现金，剩下的资金只能问老板娘了。”

第二，别人欠企业多少？赵先生也说他特别想知道，每个经销商到底欠公司多少钱，欠了多久了。赵先生找来销售高经理，说估计客户欠款得有2000万元左右。

第三，仓库里的货值多少钱？财务王经理说，上月底存货价值接近5000万元，还有一些没开票但货已经到的，加上得有5500多万元。

我补充道："你们的存货里，那些积压多年的残次品和滞销品能值多少呢？库存里真有价值的只有原材料2000万元，剩下的成品中，有一半以上不值钱。粗略算，库存最多能变现4000万元。"

我继续问："厂房是租用的，工厂里的设备值多少钱呢？账面上反映的设备还剩800万元，变现的话最多不超过1000万元。"

图3-3是赵先生公司家底的计算方法和公式：

序号	资金投入	会计术语	金额/万元
			10,200.00
1	老板投的	▪实收资本	1,500.00
2	企业赚的	▪未分配利润	
3	企业欠的	▪企业负债	8,700.00
3.1	借银行	▪短期银行借款	6,500.00
3.2	借供应商	▪应付账款	1,700.00
3.3	借老板的	▪其他应付款	500.00
序号	**资产总额**		**10,200.00**
4	减：资产损失	▪无法变现遭损失资产	-3200
4.1	应收款损失	▪跑路失联经销商欠款	-900
4.2	存货损失	▪无法变现的成品损失	-1500
4.3	设备损失	▪闲置设备无法变现损失	-800
5	加：资产增值	▪土地房屋增值　专有技术增值	
6	资产家底	▪可变现次产价值	7,000.00
7	企业家底		-1,700.00

公式1：资产家底=资产总额-资产损失+资产增值

公式2：公司家底=资产家底-企业欠的

图3-3　南洋公司家底计算方法和公式

我向赵先生说明："你们企业投入的总资金是1亿元，企业资产家底价值只有7000万元。换句话说，企业投入了1个亿，资产只值7000多万元，资产损失了近3000万元，甚至把你投到企业的本钱1500万元都亏掉了。”赵先生从创业期起做企业快20年了，到今天算了账才发现，企业原来是个“空底子”。现有的资产根本就无法偿还欠债，家底是空的，还欠债主1700万元。

赵先生说，他妻子一直以来把现金看得很重，现金能让她感觉所有钱的进出都在她的掌控之中，实则不然。企业的钱进出可不单单是手里的现金进出那么简单，比它更重要的是存货、应收款、设备。如果存货没管理好，造成的损失本质上就是现金损失；如果经销商跑路，无法追回的欠款也是现金损失。

解析公司出现空底子的三大主因

第一，企业成立20年，表面风光，实际上盈利能力很差，几乎没有盈利积累。这是导致企业空底子的第一大原因。

第二，资产损失和减值是导致空底子的第二大原因。出现资产减值和损失主要跟企业财务管控缺失有关。公司里“跑冒滴漏”现象突出，员工根本不拿公司的货品和资产当回事，老板本人更缺乏对货品、资产、应收款进行有效管理和内部追责的意识。随着企业规模扩大，人增多，资产损失和减值问题会更突出。

第三，该公司几乎没有资产增值，尤其是无房产和土地上的增值。这家企业干实业20年，一直都是租用厂房，累计支付的厂房租金至少有大几千万，年年支付租金，但土地和房产增值几乎跟这家企业无关。如果10多年前该企业购置土地自建厂房，光土地和房产增值，就足以改变这家企业的家底状况。

帮赵先生公司整改家底

我向赵先生建议，从现在开始要业务和财务两手都抓，在稳定现有业务的同时，把夯实公司家底作为重要目标，利用2～3年的时间把公司家底夯实。这样一来，企业再发力就有了底气和根基。

需要从6个方面入手改善整个公司的家底状况。

第一，建立营销费用预算机制。

该公司营销费用是生产成本之外最大的支出。2011～2014年，营销费用占销售收入百分比连续攀升。截至2014年年底，该公司营销费用占销售收入近30%。该公司在营销费用上有优化的空间，通过建立营销预算机制，可以转变营销部门花钱的方式。营销花钱之前先做计划，公司先评估营销计划和营销开支的合理性，让公司营销中心自上而下，形成按计划合理安排营销活动和营销开支的习惯。计划妥当了之后再干，能避免营销上的随意使公司营销开支失控导致的公司成本大增。

同时，建立营销总监对营销费用负责机制，对营销总监的考核内容中要加入营销预算费用管控的细则。跟营销总监签订营销工作任务书，明确销售业绩的同时，更要明确营销预算费用可控的指标。

第二，健全公司财务管控体系。

当时的公司财务属于核算型，财务在公司的定位就是记账、交税，对业务的分析、监督、内控职能几乎没有。

建议该企业健全财务管控体系，第一步从资金管控、营销成本管控入手，第二步面向全面成本管控。通过财务管控，逐渐规范业务部门的花钱行为，目标是让整个公司开支受控。

第三，完善公司仓库管控体系。

调研过程中发现，公司仓库问题很多，必须健全和完善库存管控制度和执行力度，避免因存货管理不当给企业带来新的资金失血。

第四，建立月度经营分析例会制度。

通过经营数据分析企业经营的状况，由决策层督促业务部门分析业务问题，促进业务部门改善经营。让整个公司逐渐养成好的管理习惯，这家企业就会慢慢变好。

开会周期：每个月一次

参与人员：部门经理

会议内容：

（1）跟进上次会议主要内容。

（2）每个业务单元业务经理汇报业绩，跟预算数据和历史数据对比，分析是进步了还是退步了。

（3）详细汇报KPI指标里的每个指标这个月做得好不好。

（4）总结最近干了哪些事。

（5）说一说本部门未来要做的事情和自己的想法，提出经营方案，告知大家未来几个月要实现的经营目标。

（6）所有与会者做点评。

（7）整个公司的业务情况由财务部做汇总报告，数据公开。这样会形成一种监督机制，在众人面前把数字说出来了，就得去落实。

（8）总裁指出每个发言人的问题并提出建议。

（9）会议内容整理成文件。

第五，公司必须做好开源节流。

财务总监的责任就是推进公司收益的提升，增加公司现金流，为企业新项目的实施提供资源保障。

“开源+节流”是财务总监和财务经理推动企业提升利润、增加现金流的突破口。无论企业上不上新项目，“开源+节流”都是必须要做的，这事关公司的前途，也是对公司盈利能力能否提升的全面检验。从初步诊断看，公司在这两个方面都有提升的空间和潜力。

同步完善公司的内控制度和流程规范。通过内部效益的提升，目标是能在6～12个月内节省出一笔资金，例如1000万~1500万元，能让新项目的实施有启动资金的同时，不借外债。解决方案参考图3-4。

明确“开源+节流”是全公司的头等大事，从老板做起。

第六，转变企业粗放式发展模式。

赵先生公司每年需要一定增长规模，公司发展不能停下来，公司发展模式转变才是根本，需要从业务型转变为管理型公司模式，在转变的过程中培养企业的核心能力。

赵先生公司从几千万做到2亿元是第一道坎，跨过这道坎，靠的是投入和业务驱动。赵先生公司想继续做大企业规模到5亿元甚至10亿元以上，是第二道坎，对公司团队人员的能力要求更高，对公司整体管控能力的要求也更高。在夯实和提高企业现有能力的基础上，提高单店销售额和利润，提高生产效率，提高企业整体的盈利等，企业的规模才能做大。

赵先生公司存在的痛点，管理层都知道。例如：负责公司营销的

公司现有业务		新项目投资决策
效益提升		收益与成本评估
A：开源	B：节流	C：风险底线
成品库存	**全公司开支**	**量化公司承受的风险底线**
目标：6个月内成品库存降低800万元，增收1000万元现金。	**目标**：6个月内全公司减少不必要的开支500万元	**重要的关注点：** 1. 新产品研制、样品、生产、成品、销售实施时间计划 2. 新产品所需的投资成本 ·设计、样品研制 ·生产线设备投入 ·材料投入 ·市场推广 ·样品研制 3. 新产品的销售方式，对收益影响至关重要 ·经销商还是直营店？ ·新的经销商？ ·现有直营店？ ·需要不需要新开直营店？
方案实施 1. 对成品存货进行一次全面盘点 2. 营销总监拿出销售成品库存的实施计划 3. 公司新定“成品库存销售奖励政策” 4. 经销商政策：提高经销商下单提货的速度 5. 生产计划	**方案实施** 1. 重新制订未来6个月公司开支预算 2. 制订公司开支控制计划，明确哪些费用开支必须降低，明确到具体目标和费用明细 ·营销费用 ·管理费用 ·生产费用	

图3-4　南洋公司财务解决方案

高经理在公司工作了5年，他反映的公司最大问题不是产品问题，也不是市场和客户，而是内部管理问题。他非常形象地说道：“公司现在没有大企业的命，但得了大企业的病。”各部门经理深感目前工作中最大的症结是内部理不顺，各部门之间很多事情都交织在一起，像一团乱麻，让大家身心疲惫。

建议：赵先生要花更多的时间在公司体系建设上，关注管理团队提出的公司问题，下决心解决公司管理短板；注重公司投入产出比，关注公司效率，推动公司管理变革，形成一种企业能力，打造一家真正的高效企业。

财务咨询之后企业改观情况

总结：局部有改变，整体没有实质性的改观。

整个咨询过程中，公司财务部全体同人和其他部门人员都非常配合咨询老师的工作。在大半年时间的指导后，企业在专业技能、专业工具和方法上受益良多，财务部工作效率和财务技能提升了很多。大家也明白，企业在财务管控的问题上，绝非请几位咨询老师指导，在短期之内就能有明显的改善。企业需要有长期致力于抢抓财务、管住家底的决心和定力。只有长期坚持和付出，才能实现由量变到质变的企业整体财务家底的彻底改变。

从该项目中收获的经验

（1）企业暴露出的财务问题多是表象

我在服务中小民企的过程中，发现解决中小民企的财务规范化问题、财务管控问题，绝不是给它们引入新的财务管控工具、方法和技术这么简单，财务问题只是企业内部深层次问题的表象。例如空底子、利润和资金失血等，这些问题的产生跟整个企业的财务环境、企业内部管理文化、企业老板财务风格有着密切的因果关系。

企业的成长就像人一样，习惯一定要从小培养。

民企都要经历婴儿期、少年期、青年期、成年期4个阶段。基于企业规模，可以把中小企业发展规模划分为3个节点（见图3–5）：

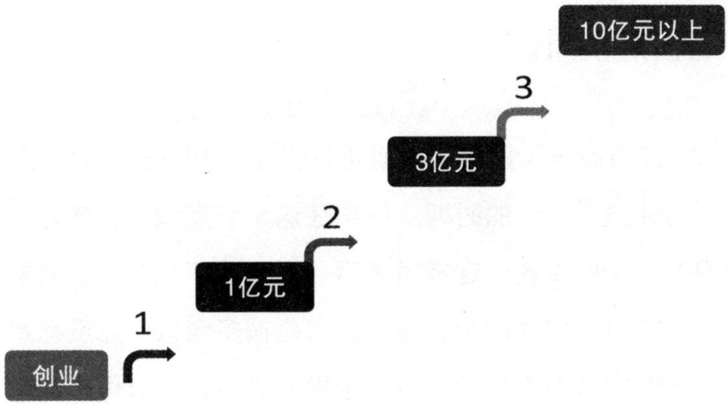

图3-5　中小企业发展规模的3个节点

节点一：自创业开始到把企业规模做到1亿元。实体型中小企业能做到1亿元规模，至少能证明企业已经具备活下来的能力，在市场上开始有一定的生存基础。

节点二：企业规模能做到1亿元～3亿元。很多中小民企发展到节点二之后，往往会停滞不前，始终在这附近徘徊。

节点三：企业规模从3亿元做到10亿元以上。能突破10亿元的实体民企都已经具备了一定的管理基础，管控体系也基本成型。

老板财税知识

在节点一阶段，企业虽然规模小，却是养成好的业务习惯最为关键的时期。如果在这个节点没有养成好的习惯，企业做到一定规模之后，想改掉不良的习惯需要花费的时间和代价会更高。关键是很多老板对此没有意识，他们认为当企业做到一定规模之后，可以再去整改和重新梳理企业习惯。但是残酷的现实是，在节点一阶段业务习惯不好的企业，即便能做到节点二的规模，再想继续往上突破做大的可能性极小。

我在平时咨询和讲课中接触到不少企业，发现处于节点二的企业处境最微妙，属于不上不下的状态。想往上突破，发现向上无路，想把规模缩小，发现也已经没有了退路。做到节点二的企业老板大多心有不甘，内心都想把企业继续做大，但是现实中真正能突破节点二的瓶颈达到节点三的企业并不多。前文中提到的赵先生的公司就是代表。

我在跟很多民企老板的沟通和交流中都会讲到一点：做民企20年以上的企业家，自创业开始就赶上了中国经济长达30多年的高速增长。客观来讲，他们的成功不完全取决于企业家的能力，而是因为赶上了新中国成立后最长时间的一波创业红利。正巧他们身处这轮大牛市之中，因此他们的企业才会有今天。

（2）企业需要做好3种能力的迭代进化

长期服务中小民企和接触各类企业老板后，我发现影响企业发展的真正内核基因就是3种能力的迭代进化（见图3–6）。

图3-6　中小企业发展的真正内核原因

第一种能力是老板能力。所有能做到一定规模的民企老板都有能力，从创业到形成一定的规模和积累，靠的就是老板超强的个人能力。小企业老板个人能力在企业里体现得非常突出，企业对老板个人更是高度依赖。

第二种能力是团队能力，也叫管理团队的能力。做到一定规模的民企一定会由职业经理人团队来管理，老板更多的是在幕后运筹帷幄，定战略、搭班子、定机制，冲锋陷阵的事情都靠团队完成。老板和职业经理人角色定位清晰和明确后，老板做正确的事情，经理人正确地做事，整个企业管理井然有序，内部工作气氛和谐、执行力强。

中小企业想突破发展节点，做到一定规模后必须从依赖老板个人能力向团队能力转变。

现实中发现，企业遇到的问题是老板干的是职业经理人的活，职业经理人干的是员工的活，出现了角色上的严重错配。

第三种能力是企业能力。能做成行业内领先的、规模大的企业，它们成功的背后靠的都是超强的企业综合能力。把“老板能力+团队能力”迭代转化成整个企业的综合能力，企业能形成一整套符合业务和模式特点的综合体系，支撑其发展做大和做强。

总而言之，企业的发展必然是跟企业的自身能力相匹配的。团队能力建立起来之前，先别盲目扩大规模；公司能力建立起来之前，先别急于做大。

层层深入的空底子成因解析，可以让老板和职业经理人充分认识到空底子出现背后主要的成因和关键影响要素（见图3-7）。

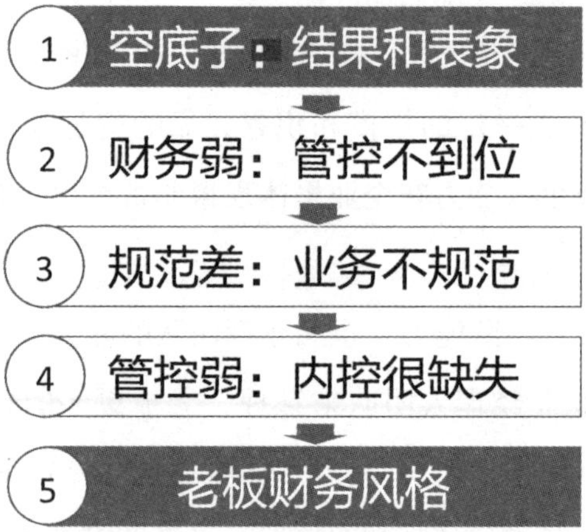

图3-7　实体企业出现空底子成因解析

第一，空底子是企业长期积累的内部问题的综合反映，从空底子财务结果看到的是表象，需要追根溯源找到内部主因。

第二，财务弱。特别是财务对企业业务活动管控失位，对企业资产管控监控不到位。做到一定规模后，财务角色必须从核算型向管控型转变，财务的重心应转向对业务规范性、公司资产、资金和盈利目标的管控。

第三，规范差。特别是企业供产销业务规范差，是导致财务困惑、家底混乱的内部主因。

第四，管控弱。企业没有建立起匹配公司业务的内控体系，一定会出现“跑冒滴漏”等侵蚀家底的风险隐患。

第五，老板财务风格。老板轻财务、重业务的做事风格和习惯对公司内部管理层有潜移默化的影响。不从老板自身做出根本改变，就无法引导企业里其他人像老板一样重视企业家底和资产质量，导致企业家底状况很难有起色。

项目后续反思

过去几年后，南洋公司有了一些变化，主要表现在4个方面：

变化一：公司架构变革——成立新公司。

变化二：股权结构变化——成立“老板+核心成员”合伙企业。

变化三：融资结构变化——“股权质押+资产质押”全部用上，看得见的资产、看不见的无形资产、股权都押上融资。截至2020年4月30日，按企查查数据，赵先生及家人通过第三方金融担保公司获得贷款合计1.197亿元。

变化四：卖场开多家门店。天津居然之家解放南路店、红星美凯龙解放南路店，两家家具卖场相隔不到1000米，该企业在每家大卖场都有不下5家门店。在一家家具大卖场开多家店，已经成为它的业务模式，每一家店的装修、设施、房租、人员已经成为固定型运营成本。在销售端，业务模式属于典型的高运营成本模式，尤其是高固定运营成本。

该企业这些年一直以来都在试图用新增业务来解决家底薄的问题，但新增业务同时让赵先生走上了一条高负债之路。通过各种方式借贷融资，能抵押质押的几乎全部搭上了，资产被质押、股权被质押、公司被质押，甚至连家里房产也被质押。这种发展模式暴露出两大突出问题：

第一，企业走的是借钱过日子的路，更是一种“走钢丝”的发展模式。随着债务的累积，“走钢丝”的难度和风险会越来越高。老板本人几乎是在给金融机构、担保机构打工。

第二，企业内部核心问题，例如组织问题、财务问题、管控问题。公司治理问题没有得到根本解决，业务发展只是表象，想真正实现盈利、现金流和执行力的明显改善，一定要靠企业内部能力的全面提升。老板如果不下决心改变，随着资产和人员增多，多公司架构会导致管理难度越来越高，企业内部成本居高不下的弊端最终都会暴露。

04
管　控

财务问题是表象，空底子实质是财务管控缺失的结果。财务的价值是发现问题，透过财务问题洞察企业存在的问题。做企业一定是问题驱动型的，做老板就要在不同阶段解决企业存在的问题。

民企财务五大阶段

民企财务发展跟整个公司发展进程紧密相关，主要分为5个阶段（见图4-1）。

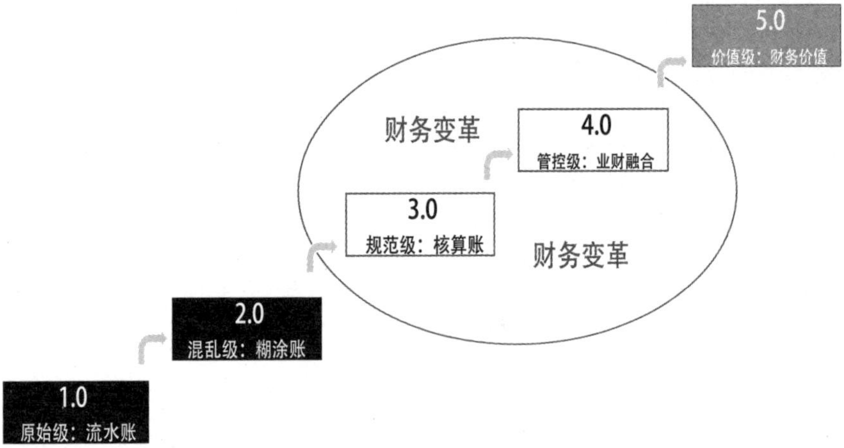

图4-1　民企财务5级迭代

1.0阶段：原始级：流水账

老板对财务的认知只停留在资金层面，认为把钱、卡、账户等所有跟钱有关的进出流水都管到就可以。今天做电商的生意型老板，对财务的认知大多还停留在流水账阶段。

财税流水账导致的问题属于典型的“家财务”问题，老板甚至兼任出纳，招来的财务就是个摆设，只负责对外报税。老板赚钱的格局停留在生意人、个体户层面，赚钱的目的就是为自己积累资产，税能不交就不交，能少交就少交。

2.0阶段：混乱级：糊涂账

财务糊涂账是民企专属问题，也是民企发展到一定规模后的必经阶段。糊涂账指的是财务做的账根本无法真实反映企业实际经营状况，企业到底是赚是赔，赚多少，谁也算不清，只能估个大概。成本更是一笔糊涂账，俗称“毛估估”。我在咨询过程中发现，在中小民企中，年销售额5亿元以下的糊涂账企业为数众多。

糊涂账导致的问题是账乱、家底乱。例如第三章中讲到的南洋公司就是典型的糊涂账企业，无法根据财务报表数据做复盘分析，深挖内部问题。做不好内部管控导致财务失控。内部非常容易出现“跑冒滴漏”现象，让很多人浑水摸鱼谋私利，最终导致企业空底子。

为什么民企中会出现财务糊涂账呢？原因有三：

第一，老板财务思维混乱、管理思维混乱，是最直接的主因。老板对财务的认知还停留在核算层面，认为财务对业务管理不重要。

第二，做账的原材料问题。企业的业务与财务是两张皮，做账的基础数据口径不一致，数量、规格、客户数据、订单单据都不一致。基础的管理细节和统计工作问题，在财务糊涂账企业里比比皆是。

第三：财务体系缺失。做好账需要完善的财务体系。如果整个财务部还停留在核算层面（实际上就是会计部），就无法组织、协调、监督、培训各部门配合财务做好账。

3.0阶段：规范级：核算账

规范级是“两账合一”，账实相符、账账相符、账税相符、家底真实。

规范级是民企财务要过的一道坎，这道坎迈不过去，企业只能在低水平状态下长期徘徊，突破不了发展瓶颈。

4.0阶段：管控级：业财融合

财务支撑业务发展，财务结果真实反映了企业的经营状况、资产状况和市场价值，为企业IPO及并购重组提供有价值的财务支撑。很多新三板挂牌企业的财务是不规范的，只是为了应付审计和挂牌而做得规范，但并不能真正支撑公司业务。

5.0阶段：价值级：财务价值

在很多老板眼里，财务只是辅助部门，是花钱的，并不创造价值。事实上，财务是能够为企业创造价值和利润的，例如避税和节税，省出来的都是赚的利润。财务还应该参与商业模式决策，设计好利润分配机制、员工激励机制，参与并购重组，实现企业价值。

财务管控背后的博弈

在民企财务由2.0向3.0、4.0迭代的过程中，财务变革是关键。

我在咨询过程中发现，老板们对财务问题的理解和知道问题的根源是一回事，知道根源后付诸行动是另外一回事。民企财务变革最重要的是老板的决心。

财务变革，实质上是民企变革。

什么是民企变革？就是对新和旧做切割和取舍。企业财务规范的过程一定是内部各种力量的博弈。民企内部有3种力量，即老板力量、财务力量和业务力量（见图4–2）。

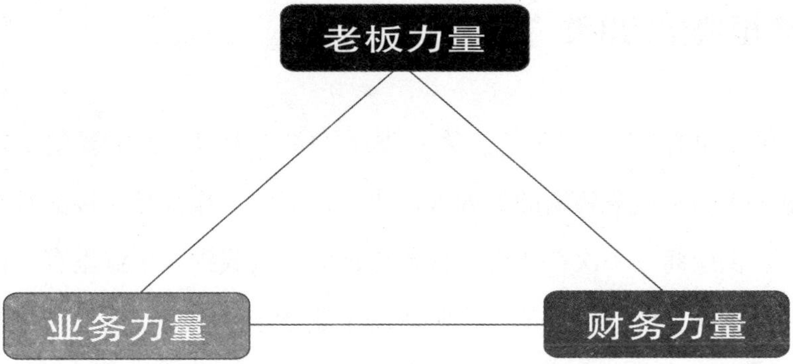

图4–2　影响民企财务变革的3种力量

老板力量在企业财务合规变革中举足轻重。如果老板力量和财务力量强，推动企业财务合规就会成为压倒性力量。如果老板犹豫不决或偏向业务力量，财务变革就会中断。

老板一旦下决心做财务合规变革，确定方向和目标后，就会在企业内部产生巨大推动力，财务合规就能做成。

民企里哪些力量会反对财务规范？内部腐败、拿回扣、从购销两端拿私利的群体。

我在做咨询的过程中会跟企业内各路人员打交道，发现民企遇到的最大问题不是市场或客户问题，也不是融资问题，而是企业内部的人的问题。更直白地说，是民企里“刁民”太多。

民企里典型的3类“刁民”

民企里有3类“刁民”。第一类属于“行为刁”，主要集中在企业里负责购销业务两端的业务人员中。他们的工作都是直接面对销售客户、供应商。一次在北大总裁班讲课时，当我提到企业里有“行为刁”业务人员时，引起了一位听课的企业老总的共鸣。他说，企业里的一些采购员实际上是供应商安插在企业里的“免费驻厂员”。

我在企业做财税咨询期间，接触到多家企业的销售和采购人员，通过他们谈话时流露出的态度和观点，明显感觉到他们提到的很多客户要求，其实未必是客户提出的，倒像是他们自己在主动为客户争取利益。

说到底，“行为刁”的人都是在特定企业环境里孵化出来的，有什么样的企业环境，尤其是用人环境，就注定会有什么样的企业“刁民”出现。有些企业的江湖气息很重，老板属于“大哥式”做事风格，出于所谓的“义气”，给“行为刁”的小弟们遮风挡雨，为企业出现“行为刁”问题提供了土壤。

老板财税知识

中小民企财务管控体系不健全，特别是对业务端管控失位，更会让企业里“行为刁”的群体如鱼得水，到头来吃亏的一定是企业老板！

为什么有财务制度，就是执行不了呢？

我在财务咨询工作期间发现，企业都有财务制度，尽管不完善但足以支撑企业现有规模和管理，为什么就是执行不了？

与这些公司财务经理充分沟通后发现，他们在推进财务制度时遇到的最大阻力都来自公司各业务部门，尤其是各业务部门负责人。他们不配合、拖延、不重视，甚至到老板那里说三道四。

当财务因执行财务制度跟业务部门发生分歧，状告到老板这里，考验的就是老板的财务心理和掌控力。出现此类问题后老板有两种表现，都会导致企业出现“刁民”。

第一种表现是和稀泥。老板中立、和稀泥，看似财务、业务都不得罪，但对企业内部产生的副作用是长期的、深远的。

和稀泥型老板做事无原则，给公司管理层传递的信息就是财务制度是个摆设。业务部门想怎么干还是怎么干，遇到问题了，到老板那里表面上各打五十大板，事情就过去了。财务会想，公司是老板的，老板对财务制度的态度都是和稀泥，财务犯不着得罪人，多一事不如少一事。在很多企业里，财务人员的管理意志就是这样被老板和稀泥式的管理风格一点点消磨掉的，最终受损的是企业和老板自己。

第二种表现是偏袒业务。财务在执行财务制度的过程中，跟业务部门打交道多体现在与付款、报销、发票、单据、合同等有关的具体日常工作上，这些具体工作是公司财务的最后一道关口，这道关口破了，会导致公司利益受损。

当财务在审核采购员拿来的付款申请时，发现客户提供的发票不合规、入库单填写的内容不实，财务拒绝付款，需要查明单据和核实数据准确性，就此向采购员询问时，采购员觉得这是财务跟他本人过不去，是有意刁难自己。甚至有些采购员会暗示财务这个客户跟老板关系非常好，或者挑明该客户是老板的亲戚等。更诡异的是老板跟财务说，这个客户的事你们不要管，有什么问题他来负责。

如果说第一种和稀泥的老板，财务还能忍，那么遇到了明显偏袒业务部门的老板，财务人员内心会彻底受伤。

【案例解析】

2015年，我在清华总裁班讲课期间，结识了一位来自山西吕梁的女企业家范总。范总的企业主营业务是煤矿安防设备的生产和销售，主要客户是山西和其他省的煤矿企业。范总夫妇早年是做煤矿安防设备代理起家的。山西是煤矿大省，煤矿数量在全国最多，范总夫妇就是靠销售代理设备赚到了第一桶金。按范总自己的话来讲，2003～2004年生意最好做的时候，代理销售一套设备，最多能赚上百万元的利润。

范总夫妻俩2005年决定投资建厂，从事煤矿安防设备的自主研发、生产和销售。他俩认为，手上有客户资源，自己投资建工厂做产品，既可以赚取产品利润，又能赚取销售利润。

真的做了实体制造业之后，他俩才猛然发现，做制造赚钱和做销售代理赚钱，完全不是一个概念。之前做销售代理赚钱顺风顺水，怎么做了制造业反而不如做贸易赚钱容易？

范总企业资产负债率很低，只有不到20%。从财务专业指标来看，这家企业财务状况不差，没有什么借款和外债。但我仔细分析后发现，企业实收资本占总资产比例超过70%。我在沟通中了解到一个重要细节：范总夫妇在北京最多的时候拥有15套房产，截至2015年第一季度，只剩最后两套房产了。究其原因，就是范总的企业一缺钱就会出售1～2套北京房产给公司输血。

我跟范总讲："无论公司下一步出现什么资金情况，您北京的这两套房子绝对不能再出售，这两套房子是你们全家最重要的资产。您出售第一套房子时就给了全体员工一种误导，所有人都认为您的家族有钱，公司缺钱没关系，因此公司里很多人就不把公司的钱当成钱。"果不其然，范总企业账面上被客户拖欠多年的应收账款高达6500万元，其中时间超过3年的高达3900万元。因为公司财务管控弱，对应收账款没有专人进行持续跟踪、监控，以及对相关业务人员进行应收款具体问责和内控，多位销售员在职期间把本该属于公司的银行票据转移走。这些行为实质上属于销售人员挪用公司销售款，但事发几年以后这一情况才被发现，错过了追责的最佳时间，给后续追款和诉诸法律造成了很大难度。

范总自己也在反思本人的过失，是她对销售员太过纵容了。她是做销售出身，对销售员的管理多是通过讲人情、讲感情，缺乏严格的财务管控，才会让销售人员肆无忌惮地坑害公司。

事后范总也说，就是因为跟做业务的人讲人情，最终导致公司应收款长期居高不下，自己家的钱也差点都给搭进去了。

第二类属于“做派刁”，他们大多是老板身边的“皇亲国戚”，早年跟老板一起创业，跟随老板的时间长。他们眼里只有老板，只看老板的眼色行事，对外来的职业经理人都可以不买账。这类人会给公司后续引入职业经理人带来极大的内部阻力。

第三类“刁民”属于“意识刁”，他们大多在岗时间长，意识上不思进取，得过且过，不愿意担责，学习和成长的意愿更差，几乎把公司当作“养老院”。

如果一家企业存在这三类“刁民”且数量不少，这类企业想不亏钱都难！

那么，什么样的环境会培养出上面的3种“刁民”？

首先，企业文化属于典型的老大文化。在这样的企业里，老板作为公司中权力至高无上的老大，一言一行直接影响企业上下所有人的行为习惯。

几乎所有做得大的民企都有一位强势的领导人，所谓老板不强势，江山不稳。在职场中遇到强势的老板并非坏事，如果老大做事强势的同时，更有主见和担当，对下属和客户有情有义，这类企业发展大多都不会差。强势的领导人有很强的聚众魅力，能产生巨大的磁场，吸引公司内外人员，这一点在执行力强的企业中更为突出。

我在咨询工作中遇到过多位强势老板，他们都是有主见，决策快，言必行、行必果的人，对事严，对人宽，看到企业里出问题会直接问责，开会期间批评公司总监、副总级时更是不留情面。这类老板反而能聚集、培养出一批子弟兵型经理人团队。他们长期追随老板，整个企业的凝聚力相对强。

其次，突出业务为先，销售第一。中小民企大多都是如此。在这样的企业里，财务是业务的陪衬，财务在公司里明显处于弱势状态，直接导致了企业自上而下缺乏对财务系统建设的认知和行动。

企业规模小的时候，财务管控对企业的影响不明显，老板也感受不到财务管控对企业经济利益的直接影响。但当企业规模超过1个亿，尤其是企业部门和岗位增多以后，财务管控缺失的企业内部问题会越发突出。例如成本不准、成本失真，导致企业在定价上只能凭感觉；又如家底不实，企业外表看似靓丽，其实一算真实家底吓一跳；更有的企业因为缺乏财务管控，导致内部"跑冒滴漏"问题非常突出。

财务体系弱跟民企特殊的成长历程和环境有关，尤其是跟老板的认知能力有关。中小民企老板管理知识体系存在的短板，就是缺少系统性思维，具备综合管理能力的老板更少。民企早期规模小的时候都是老板直接管理公司的人员和业务，管理效率高。这个阶段，老板们并没有感觉到管理企业有多难，因为大事小事老板几乎都能观察和照顾到。所以在直接管理阶段，老板们也没有认识到财务有多重要。老板对财务的定位是能把钱管住，少交税。这个阶段，企业没有很规范的组织体系，老板就是企业的组织，企业员工只需要跟老板干，凡事都找老板做决定。

随着企业人数不断增多，企业组织日益完善，各部门都配备了经理、总监，企业里还增加了分管各部门的副总，企业的管理模式已经由直接管理转型为间接管理。

间接管理跟直接管理的最大区别就是需要一整套管理体系来经营和管控整个企业，需要建立起规范的制度、流程、机制、考核等系统性的管理体系。

中国经济高速增长为民企快速发展提供了条件，这也让很多企业老板产生错觉，误认为企业里有没有管理体系和财务管控，都不影响赚钱。我在咨询过程中遇到很多老板，他们现在还一直怀念前些年的赚钱机会。

最后，不注重规范化管理。民企财务弱、历史遗留等财税问题的出现多是表象，中小民企自身暴露出的各种问题，本质上是自公司成立之初，不注重规范化管理造成的。当企业做到一定规模后想重新规范管理习惯时，发现自上而下都不适应。

现实中民企老板们大多想尝试通过引入外部职业经理人的方式突

破管理体系弱的瓶颈，但成功率普遍不高。有些在大企业工作多年的资深职业经理人，加入中小民企之前踌躇满志、信心满满，对自己的管理能力和经验更是深信不疑。但理想很丰满、现实很骨感。当他们到了中小民企之后突然发现，原本在大公司里很奏效的管理方式和手段，到了这里却四处碰壁，想落地十分困难，阻力大、干扰多，最终结果就是他们待不了多久就选择离开。

为什么空降的职业经理人到了中小民企大多水土不服呢?

在大公司里成长起来的职业经理人，他们管理经验和能力的施展是需要条件的。大公司的管理体系犹如一条高速公路，全封闭、路况好、设计合理、方向标示清晰、配套服务功能齐备。职业经理人在高速上开车方向感强，到达目标的时间相对把握度高。但他们到了中小民企之后突然发现，这里不是高速公路，而是乡间土路，更要命的是这里开车没有地图和行驶方向标志做参照，开车只能凭感觉。因为这里的地图和方向标示都在老板脑子里。外来的职业经理人开车的方向跟老板的感觉匹配了，就相对好做；如果跟老板的方向感不匹配，即使他们付出再多，也是徒劳无功。

【案例解析】

2016年11月，我在清华粮油企业总裁班授课期间，结识了资深职业经理人王总。她在外企工作了近30年，在两家欧美粮油跨国企业的中国公司担任总经理长达15年，行业经验、管理经验、国际化经验非常丰富。王总跟我介绍，她有一位行业企业家朋友在河北唐山做植物蛋白深加工，看重王总的管理经验和国际化经验，非常渴望吸纳王总加入，王总本人也很想在职业生涯的后期用多年积累的国际公司经验帮行业内中小民企做大做强，问我以什么职务开展工作为好。

我跟王总讲，第一年以该企业董事长顾问的名义开展工作为好。主要基于两点考虑：第一，她不干涉这家企业的内部人事事务，只是辅佐该企业董事长，这样她既可进又可退，还能得到该企业董事长的尊重；第二，磨合期过后，双方都很认可，她可以再担任企业高管，全面接管公司具体业务。

但王总做事风格雷厉风行，答应干就直接到岗，2018年1月，正式加入这家企业并担任总经理。王总的想法是通过她的管理经验，把这家企业内部管理体系搭建起来，提升企业产品品质，帮助企业开拓国际市场，目标是3年之内让该企业成为蛋白行业内有一定竞争力的优质企业。

王总做了充分准备，想在这家企业大干一场。然而不到3个月，她就向我诉苦说加入这家企业之后发现问题太多了，最麻烦的就是人的问题。通过谈话，我明显发现王总对这家企业的人事问题一筹莫展，问题复杂程度超过了她本人的心理预期。我跟王总讲，企业今天暴露出的这些问题一直存在，只是处于潜伏状态没爆发，你加入企业之后，这些问题才被激化。现在您很难，董事长更难，你俩需要统一思想，坚信对方，耐心引导员工，稳定大家的情绪，通过坚持，企业状况会有转机。

又过了几个月王总再跟我电话沟通时，她的情绪已经很低落了。王总跟我讲，她碰到的最大问题是这家企业负责营销的经理总是跟她对着干，王总几次跟董事长谈到关于对这个人的处理意见，都不欢而散。董事长已经开始对王总的能力表现出了怀疑，信任度明显下降。此刻的她已经开始考虑退路了。

最终，王总在这家企业草草收场。她是带着希望去，却带着遗憾走离开了。

提高财务管控水平

提高财务管控水平五大举措

老板可以通过以下5个举措优化企业的财务管控。

（1）理性决策

理性决策的目的在于改善成本结构，降低沉没成本和固定成本。老板在做固定资产投资决策时，必须考虑投资对后期利润、资金、回报、债务、风险等的综合影响。固定资产投资决策对企业利润的影响在于提高固定资产效率，减少低效固定资产，控制非生产性投资。

（2）经营优化

经营优化主要是聚焦客户和产品，深度分析产品盈利和客户盈利能力，淘汰低效产品和客户，通过精细化成本核算，把利润细化到产品、客户、销售员，充分利用优质资源，精细化运营，提高经营利润。这一举措可以优化客户结构，优化产品结构，优化营销结构。

（3）流程再造

梳理内部流程，提高内部效率，降低内部管理成本。管理的关键在于疏导和理顺，正所谓理不顺，管不住。流程是保障财务核算结果和财务管控的关键，流程再造和梳理应先从业务端开始。企业里三大流程再造包括生产流程、供应链流程和组织流程的再造。

（4）管控到位

财务管控一定是从“事前管控”开始介入，推进和主导全面预算，在过程中强化管控，确保财务结果实现是过程可控的，结果才能可控。利润是管出来的，是控制的结果。释放利润空间、降本增效四大举措有预算管控、供应链管控、营销管控和成本管控。

民企成本管控在执行时有一个问题：算了账发现成本超了，第一个被指责的是财务。此时财务感觉很憋屈，别的部门做事花钱时不主动控制成本，反而让财务事后管成本，财务怎么管？

这是多数民企老板存在的错误的财务观念。真正承担成本管控责任的人缺席，财务很无辜，说明企业成本管控在“责权利”定位上出现了错位和失位，导致成本失控。

影响企业成本的有4种人：

第一，成本决策人。工厂布局、设备选型、工艺设计等都跟成本决策有关。老板是成本第一决策人，一旦做出了成本决策，成本结构就已经定型，对盈利至关重要。

第二，管成本的人。谁花钱，谁管成本，企业里所有业务部门的负责人才是管成本的主要责任人。成本机制、责任约束、激励机制组合后，能让各部门主要负责人承担起管控成本的责任。

第三，用成本的人。跟成本有关的各基础岗位都是用成本的人，管成本的人应该用流程、制度约束他们的成本责任。

第四，算成本的人。这类人包含核算成本的人和辅助核算成本的人。尤其是辅助成本核算的人，例如统计和库管员，很多企业老板往往忽视这两种人，选的都是“老弱病残”，因为他们工资低、人听话。这种用人方式，成本反而更高，因为前端数据统计有错，后面所有跟成本有关的结果都出错，直接导致企业财务一直处在低水平。

我在咨询过程中发现，成本“毛估估”、成本管控做得差的企业，负责成本核算和管理的财务人员绝大部分时间都待在财务办公室，很少到成本现场。他们根本就不了解成本发生的过程，尤其是不掌握过程中的各种成本现象和问题，例如待货时间、退料次数、残次品数量，这些都是导致企业成本偏高的主因。

所以负责成本核算和成本管理的主管的工作时间，至少应有50%在成本一线，定期把成本异常分析报告提供给成本决策人，推动从成本源头重视成本。

（5）现金管控

资产是静态的，现金是动态的。现金管控必须从动态现金流测算/预测开始。现金管控含事前、事中和事后，事前现金流预测是关键。

另外，好的机制比传统的财务管控更有效，管控主要是针对人和人性，机制则是驱动人性的关键。管理企业不能逆人性，为了管控而去管控只会适得其反。现在职场中的“90后”“00后”们，需要通过机制创新激发他们的主动性和创造力。

案例分享：成本是管出来的

老板创业史

罗总是浙江永康人，公司设在临近永康的武义县。

罗总创业20多年了，从事过多个行业，如塑料加工、渔具加工、装饰材料等，2009年，他开始做电动工具出口加工，主要给日本和欧美的几大国际品牌做电动工具代工生产。

尽管罗总进入电动工具这行时间不长，但她凭借务实的做事风格，很快让公司获得多家企业的青睐。2013年，公司电动工具的出口额超过3000万美元，在武义县也是排名前20强的企业。

我在2013年年底走进罗总的公司。当时她在上海投资设立了一家从事技术研发和国际销售的公司，在两年多的时间里累计投资近1000万元。这家公司有一位总经理负责组织设计和日常管理工作。

罗总遇到的问题是，她给上海这家公司投资了1000多万元，但感觉公司在财务上失控了。罗总也听上海公司的一些员工说过总经理在财务方面的各种问题。

上海公司问题很多

我受罗总的委托到上海公司做财务审计和查账，发现了四大财务问题：

第一，两年支出中有近200万元没有正式发票，属于总经理通过个人账户对外支付的。

第二，费用支出中，总经理个人花费超过300万元。包括近50万元的海外费用，含飞国外的机票、境外五星级酒店费用等。我跟罗总和公司其他同事核实后，证实这些都不是海外正常商务产生的，时间和境外地点都不对。

第三，每个月员工工资都是总经理通过“私户转账”的方式汇给员工，跟每位员工核实金额后发现，员工拿到手的跟工资表里的出入较大，合计差额有几十万元。

第四，公司资产经过盘点后有高达几十万元的出入。

综合上述内容，罗总投资的1000万元中，至少有1/3的支出有很大的疑点。我把情况跟罗总做了汇报，第二天，罗总带着公司副总经理张总一起到了上海，当面向总经理询问这些账务问题。

沟通开始后总经理很镇定，跟罗总解释这些钱都是用在什么地方，但闭口不谈跟他个人有关的费用支出明细。我把准备好的他个人的海外费用明细表递给他，请他解释支出理由和用途，同时把员工两年的工资明细递给他，请他提供银行转账信息时，他的表情开始有变化了。

经过一天的初步核实和对峙，我们终于弄清楚，总经理个人在不到两年时间里挥霍掉了近400万元。

罗总事后也自责，是她自己没有把好关。人是她选的，事情都是她安排的，她看重的是这位总经理的技术背景和经验，但对财务上的事太放任自流。我跟罗总说："公司规模小的时候，老板应该事无巨细地过问公司所有业务；公司规模变大了，尤其在异地设立公司后，内控必须要跟上，不能把希望寄托在忠诚度和人性上。"

职业经理人和老板的相处，也是很微妙的相互试探和此消彼长的博弈过程。企业的管控手段和内控监督对职业经理人而言，就是一种无形的约束，让他们做事相对谨慎、勤勉和守规矩。如果没有内控这个紧箍咒，私欲就会逐渐膨胀。当发生损失之后企业再追责，为时已晚。

最终，罗总跟上海公司的总经理达成一纸协议，对方在两年之内偿还罗总200万现金作为赔偿。交代完工作事项，清理完财物后，该总经理黯然离职。

上海公司的事情处理完之后，更让罗总牵挂的还是武义工厂内部的财务问题。

武义工厂问题不少

罗总武义工厂建成的时间不长，生产任务安排得很满，厂里不愁订单和业务。主管日常业务的副总是罗总表弟，出纳是罗总表妹，她跟副总经理是亲兄妹。

出口加工型企业毛利率相对低，客户都已经把给加工厂的利润空间基本控制住了，盈利关键就看加工厂内部管理效率和成本管控力，这两方面罗总的企业都弱。

根据成本问题背后的因果关系剖析，就能发现，成本和管理效率的问题是多种因素累积的结果（见图4-3）。

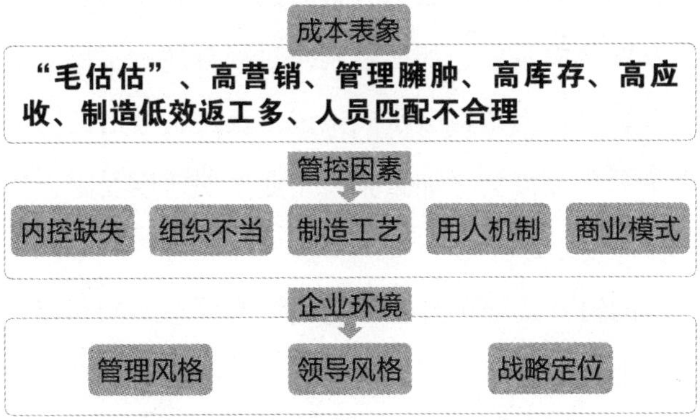

图4-3　成本问题背后的因果关系剖析

成本问题表现为3个层面。

第一层是成本表象。例如：企业暴露出的“毛估估”、高库存、制造返工多、次品多等问题，都是表象。

第二层是管控因素。成本不是放任出来的，是管出来的。管住成本靠的是围绕成本构建成本管控体系、采购管控体系、质量体系、仓库管控体系，完善制造加工工艺、员工激励机制等。

第三层是企业环境，主要是企业管理风格和老板做事风格。这是影响企业成本管控的主因。如果老板和高管们对成本管控关注度和执行监控不到位，财务就根本推动不了成本管控。罗总平时很忙，主要的关注点还是在公司订单和业务上。

在武义工厂调研后，我向罗总提交了一份报告，希望她多投入时间和精力关心和重视武义工厂的财务问题。

从企业发展周期的角度看，民营企业发展必然要经过5个阶段：创业期、生存期、规范期、发展期和成熟期。我们发现，武义工厂正处在从生存期向规范期过渡的关键时刻。能否在两年之内跨过规范期，对今后发展至关重要。如能顺利跨过规范期，工厂今后的发展会很健康和稳健，企业上市也会水到渠成。反之则今后的财务风险会被放大，整个工厂现金流会更加紧张，企业发展速度受阻，股东个人的风险很大。

武义工厂的财务还处于打基础的核算账状态。2014年，公司财务有长足进步，财务总监具备一定的财务专业能力和管理能力，公司真实的财务家底正开始清晰，按部门进行费用核算已经落实。但工厂成本核算及成本控制偏弱，主要原因是生产统计不准确和不及时，尤其是生产和采购环节中存在诸多问题，给财务成本核算及控制带来很大影响。

整个工厂的管理还处于粗放管理阶段，缺少一位精通制造业管理的副总对产、供、销进行精细化管控。其他岗位部门负责人缺少管理经验和能力，导致整个公司执行力较弱。

董事长应重视的财税问题有：

（1）公私分开

企业规模做到每年2亿元销售额时，老板就该考虑公私分开了。老板个人及家庭花钱应考虑合理的支付方式，直接从公司走账会带来很多弊端。

（2）个人所得税

董事长应该考虑适当交一部分个人所得税，作为年销售额超过2亿元的企业老板，不交或少交个税不仅有税务风险，对个人声誉也有负面影响。

（3）个人收入

董事长要大大方方给自己多开工资，完税后的工资和年底奖金属于董事长个人合法收入。建议董事长个人月薪总和+年终奖金不低于80万元。

（4）个人借款

账面上董事长个人借款金额比较大，会面临很大的个人所得税风险。

总之，企业做得越来越大的情况下，董事长必须考虑个人的财富和税务风险。建议董事长跟国家算明白账，该交的工资个税必须交，企业该抵扣的薪金做入税前成本。

发展必须解决的短板有：

第一，缺乏关键岗位的经理。这是制约企业发展的短板。企业发展是分阶段的，什么阶段就应该有什么人上车，另外一些人则必须下车。

第二，管理机制缺失。工厂的高层和中层执行力有问题，都和企业管理机制和激励机制缺失有关。关键岗位的经理的利益没有和董事长的利益及整个工厂的利益绑在一起，很大程度上影响到各部门经理的责任心和执行力，工厂的经营业绩一定程度上也会受损。

第三，内部人利益带来的风险。业务发展到现在，工厂内部关键岗位的人已经和工厂存在内部利益关系。最突出的就是采购环节上，经理和高层个人开的工厂给企业供货。内部人给企业供货是可以的，关键是要按正规的流程和规矩做，该开的增值税发票必须要开，否则风险全部都由工厂承担，个人却得到了实惠。如果这个问题得不到解决，公司今后即使想引入管理能力强的外部职业经理，也很难顺利开展工作。

我们对工厂今后发展的建议有：

第一，抓住现金是第一位。不该投资的项目不投，不该借出的钱坚决不外借。

第二，控制财务风险。尤其是负债率不能再高了，否则外部银行给公司融资会很困难。

第三，引入关键岗位经理，强化内部管理。尤其是生产和采购经理的引入很迫切。

第四，强化现有经理的职业素养和能力，对现有经理加强职业培训和管理培训。

第五，出台能激励关键人的激励机制，让工厂里关键岗位的人和董事长的利益绑在一起，这样一来，工厂的管理面貌将会有很大改善。

公司遇到了瓶颈

5年后，我再次跟罗总深度沟通，发现企业发展遇到了瓶颈。

企业今天遇到的瓶颈跟几年前的是一样的，只不过几年前董事长、副总们都没有意识到这是瓶颈，当时他们认为问题的原因是规模不够，突破瓶颈就要把销售规模做大。但实际上，企业的瓶颈不是销售规模也不是市场，而是内部的管理基础和团队管理意识弱。

这些问题是系统性问题，而不单单是财务问题或生产问题，是公司内部各个部门人效指标低、执行力很弱、团队提升慢、管理基础弱等问题累加的结果。

这不是请一两位管理顾问，做个阿米巴经营模式就能解决的。但突围迫在眉睫，现在工厂体量大了，如果不能快速突破现在的瓶颈，后面的路会更难。

“罗总”们如何突围

罗总企业的问题说到底还是人的问题，是利益分配的问题，是公司机制的问题。财务问题、管理问题都是表象，根本的问题有两个：

第一，董事长罗总本人的态度和意识问题。她自己是否想做彻底改变，这一点最为关键。老板自己在变和不变之间徘徊，下面的人都是看老板的态度行事的，也不会做彻底改变。

第二，公司高层利益关系混乱问题。从罗总和身边的几位关键人开始，特别是跟罗总沾亲带故的高管和经理人自家的生意，跟罗总企业之间的利益需要重新做规划。可以继续合作，但要先定好规矩。否则，这些人还是更关注自己的小生意，让公司的利益给他们个人的小利益让路。如果这种局面不做改变，公司想突破瓶颈几乎不可能。

总之，如果公司不把这两大问题先解决，一系列管理问题都会很难解决。

管理的问题说到底是人的问题，人的问题说到底是利益的问题，利益的问题说到底是机制问题，机制问题说到底就是老板的格局和决心问题。

这家企业最突出的财务问题是内控缺失，这也是中小民企发展过程中容易遇到的一道坎。最突出的现象就是企业采购几乎被内部利益人把控。董事长多位亲属在企业里的关键岗位上任职，他们自己都有公司或关联企业作为该企业的采购供应商，在定价、品质尤其是采购发票的合规上，存有明显的涉税风险。财务管控弱，导致公司对业务的内部控制明显偏弱，给公司内部利益人提供了很多谋私利的空间，最明显的就是“跑冒滴漏”的现象十分突出。

老板财税知识

在民企发展过程中，老板必然面临重塑公司内部财务管控体系的问题，尤其是要对内部利益人进行必要的财税约束。如果老板下不了这个决心，错过了财税合规和财务体系建设的最佳时间点，越往后，再想做财税合规、建立财务系统，难度和成本会越高。

05
合　规

财税合规有两层含义：

第一层是对外合规：企业对国家做到合规。

第二层是对内合规：企业对股东和高管做到合规。

如果某公司财务对外非常不规范，账实不符，净资产亏得一塌糊涂，但对内财务核算相当规范，内部的股份制激励机制推行得很顺利，对企业内部股东层面做到了对内合规，能顺利推行高管和核心员工持股，内部报表、每股收益、净资产收益、回报率数据很详细，这种情况下，内部股东拿的分红风险极大。

很多老板并不把财税合规看作是必要的，他们不认为不合规是企业风险，觉得它是行业普遍存在的现象。出现这种想法主要有3个原因：

首先，很多老板纠结合规与生存问题，认为它们是一对矛盾体。这类老板大多带有从众心理，他们片面地认为合规了、税交了就意味着没利润了，企业无法生存了。

其次，行业竞争越来越激烈，大家都拼价格，如果别的商家不交税，价格比自己的企业卖得低就能生存，自己的企业把税交了，赚钱就少了，想要跟同行不交税的企业竞争，生存会遇到问题。

最后，如果同行几乎都不给员工和高管交个税，而是用私户给高管和工资高的员工支付工资、奖金，甚至股东年度分红也是通过私户现金走账的方式。如果自己的企业给高管和工资高的员工交纳个税，员工和高管队伍不好带，团队不稳定，很容易被竞争对手挖走。自家企业找人有困难，生存可能会遇到麻烦。

合规三部曲

合规与生存

我在跟民企老板接触的过程中发现，老板们普遍存在一种心态，就是把合规跟生存对立起来。

有这种心态的老板大多从创业至今从来没有做到过财税合规，并且因为很多同行都是这么干的，他们理所当然地认为不合规是常态，合规是非常态。

如果只停留在财税合规层面看民企生存，往往是无视了问题的本质，我们需要从这些企业内部和老板身上找原因。合规问题暴露的实质是，这些企业的能力达不到合规企业的标准和条件。它们的成功更多是因为享受了创业红利、老板红利、市场红利、流量红利、人口红利和监管红利。当这些红利开始递减，这些企业和老板的能力短板越发凸显，当企业能力达不到合规条件但还想生存、赚钱时，只能走捷径，从税上找空间、动手脚，勉强维持，但赚钱也是提心吊胆。国家一旦“秋后算账”，企业赚的税钱不但会被国家收回，还会面临数倍罚款。

生存与能力

合规是现象，本质是民企想要生存与生存能力之间的矛盾。企业能力、老板能力没有迭代，导致企业出现生存问题。企业投入增多了，收入增加了，但企业能力增加了多少？效率提高了多少？

合规从提升赚钱能力和老板认知开始。

你无法赚到认知以外的钱。靠不合规赚钱看似是捷径，实则是错误的赚钱认知。合规与生存并不矛盾。

能力大做大老板，能力小做小老板。在时代红利期（见图5-1），

图5-1　老板红利铁三角：市场红利+人口红利+监管红利

创业成功当老板是普遍现象。也就是说，即便老板能力和企业能力滞后于企业发展，但赶上了红利期，比如国家发展经济鼓励创业，放水养鱼，让这些老板赶上了监管红利，在某些行业和领域里，不合规赚钱就成了行业现象和常态。

能力与变革

但是现在，监管红利期已结束，现在是治理时代，能否生存考验的是企业和老板的综合能力。靠红利期，赚得了一时，赚不了一世。老板赚钱说到底靠的是能力，尤其是综合能力。如果老板和企业能力不能迭代，不能与时俱进，被淘汰也是商业社会的必然。

合规是当前民企必须正视的核心问题，它关乎企业生存。

合规与“三观”

民企面临的合规问题带有行业性特点，更有特定历史时期的烙印。部分行业出现的行业性企业整体不合规的现象需要结合历史，发展辩证地去对待处理，这也非常考验决策层的智慧和格局。现实中，地方政府如果遇到所在地区企业集体性合规差，一刀切地全部上纲上线处罚这些企业，会给当地经济带来致命的损伤，造成商户大量倒闭、人员大量流失、商业氛围和人气出现重创。如果坐视不管，又违背了政府监管、公平竞争的原则。因此需要从历史观、辩证观、发展观来规划民企财税合规问题。

从历史的角度看，民企发展的速度比其他所有制企业快得多，但政府监管、法规政策滞后于民企发展，导致一些企业在早期靠灰色方式赚钱，包括逃税，这就是所谓的民企“原罪”。也正是这样一段监管红利期，催生了中国民营经济迅猛发展。

从辩证的角度看，对不合规企业不能一概而论。现实中发现，不合规企业也存在两大类型，即不合规中的良心企业和不合规中的“敢死队”。需要客观分析两种不同类型的非合规企业。

第一类：这类企业赚的税钱更多的是用于企业发展、扩大规模、增加用工，绝大部分都是用于公而非用于私，属于不合规企业中的“良心企业”。当企业具备一定规模和生存能力后，这些企业老板具备合规动力，有财税合规“上岸”的规划。只要找对合规方法，提升企业综合能力，这类企业财税合规只是时间问题。

第二类：不合规赚的税钱更多是用于老板私人消费，买豪宅，买多套房产投资升值，买奢侈品，疯狂消费，更有甚者花巨资赌博。总之赚的钱都归老板所有。这类老板属于不合规企业中的“敢死队”，通过正面引导让这些老板和企业财税合规几乎不可能。除非哪天真被税务局盯上了，遭受巨额罚款，他们才会真正感觉到疼，被动做财税合规。这类企业的老板也不是企业家，他们顶多就是生意人或者“大个体户”，他们的格局和做企业的初心还停留在满足个人和家族的私利这个层面。

从发展的角度看，中国经济开始进入内循环为主，外循环为辅的新经济格局。尤其是经济内循环启动，需要在税制上做重大的改革和创新，改变目前以间接税为主的收税模式，大幅度降低增值税率，让民营企业普遍合规之后还能有钱赚，增大税基，倒逼不合规企业退出。

合规底线思维

底线思维是近几年习近平主席在多次重大党政会议上反复强调的。做企业跟从政有很多相似的地方，做企业要守住赚钱的底线思维。

合规与否，说到底跟老板选择的赚钱方式有关，跟赚钱的安全边界有关。

【案例解析】

有一家做天然气开采的企业，负责从地下开采天然气原料，再卖给中石油。企业老板向我提问："企业没有多少进项，销售给中石油后需要交纳9%的销项税。企业主要成本就是人工，有固定资产投入，但一次投入后可以多年使用，购置设备抵扣进项也不多。我让财务想节税方案，想把公司做成按核定征收所得税。"

这里，客户提出的问题表象是税交多了，想找省税方法。

我们再对此做进一步的深入分析，可以得出如下结论：这家企业老板对赚钱没有安全边界意识。本来通过中石油内部关系获得赚钱机会，就是从国家资源切了一刀，现在还想在税上从国家身上切第二刀。

做企业应该遵守合规赚钱之道，该企业涉税问题不是技术问题，而是老板赚钱心态问题。该老板没有赚钱的安全边界意识。

【案例解析】

盐城某家做地产和建筑安装的企业的财务经理反映，该企业按简易征收，中标了某央企施工项目，按9%的税率签订了合同，想知道是否有办法按3%简易征收增值税？

合同报价企业主单位已经把9%的税点加在合同报价里了，该客户老板还想把这部分该交的税钱变成自己的利润，装进自己口袋里。

我和财务讲："你们企业的问题是该交的税不想交，不该赚的税钱想赚。这不是财税技术问题能解决的，是老板的贪婪问题。如果老板想赚，风险他自负！"

民企中有一种"关系型"企业，它们多数靠着某家大型企业内部关系做工程、采掘、服务等。这类企业对赚钱的认知，跟做实业的企业是有区别的：关系型企业老板比做实业的老板更贪婪，赚钱上更没有底线，认为通过关系能搞定一切。但这种意识本就不应该有。

税管上存在的误区和涉税现象诊断

绝大多数民企只有税收申报，几乎没有税收管理，在税收上存在四大误区（见图5-2）：

误区1：认知误区
纳税就是财务的事，跟业务没关系。

误区2：行为误区
业务随便做、合同随便签、发票随便开。

误区3：关系误区
涉税问题，靠关系就能摆平。

误区4：筹划误区
纳税筹划，不围绕业务和商业模式进行规划。

图5-2　企业纳税四大误区

认知误区

企业自上而下存在认知误区，片面认为纳税只是财务的事，跟业务、决策无关，错过了解决财税问题的最佳时间点，导致出现财税问题后，财务只能被动处理，大多都是无果。我在讲课期间，财务人员反映自己对各种财税疑难问题大多束手无策。问题的关键不在财务身上，财务只是暴露出了财税问题，关键是在做业务安排、商业决策之时，企业领导层根本就没有让财务介入，导致财务处理时已经晚了。

行为误区

业务源头根本就没有任何财务介入，合同随便签，发票随便开，“三流”（票流、资金流和物流）不一致，业务基本上不受控。业务部门在公司里非常强势，根本不把财务的建议和提醒当回事。这种情况下，财务只能专门负责给有瑕疵、带病的业务“擦屁股”。

关系误区

老板们都有一定的人脉和圈子，在监管红利期，人脉对解决涉税问题有一定的帮助，能够大事化小、小事化了。但现在大数据监控企业的涉税行为，“人治”变成了“系统治理”，国家税务管理系统升级为大数据系统管税，全方位监管“三流”。系统管税的最大特点是“只认数据不认人”。同时中央和各省市强力反腐，让税务官员人人自危，不敢用国家利益跟民企老板做利益交换。如果老板们还停留在靠人际关系解决涉税问题的老套路上，最终要付出惨痛的代价。

筹划误区

纳税筹划不是对税做筹划，而是对交易做筹划。纳税筹划的起点是业务、交易，纳税筹划从业务中来，到业务中去。不恰当的、明显存在致命隐患的纳税筹划危害性更大，老板要会识别和区分实质性合规和形式合规。

实质性合规：围绕业务和商业模式，从业务起点开始规划。业务过程是合规的，业务结果是合规的，财税结果一定也是合规的。

形式合规：围绕财税结果做形式化合规，合规只是面上的，过不了审查关和稽查关。

涉税现象诊断

（1）总急于找到速效药

有明显涉税问题、存在涉税“原罪”的企业属于典型的带病经营，这类企业老板也经常外出听课，但他们都是抱着寻找速效药的心态，总想走捷径，花最少的代价解决企业存在多年的历史遗留财税问题。

（2）太偏信有灵丹妙药

个别财税机构，尤其是野路子财税“大咖”会对老板“洗脑”，例如：少交企业所得税，可通过收购亏损企业来实现；税务局来查账时，可事先安排两个员工打架，一直打到财务部；更夸张的，说可以让一位员工把财务部电脑抱起，朝窗外扔出。“大咖”在台上滔滔不绝，台下坐的老板也被说服了。

（3）不走正常治疗流程

企业财税得了病，需要走正常的治疗流程。民企的财税病治疗需要用中医的方式，望、闻、问、切，对症下药。每家企业的体质不一样，病症有差异，因此很难用一副药方治疗百家企业的财税病症，非常考验咨询师的综合“医术”和“医德”。

（4）不“体检”、不预防

企业跟人一样，也需要定期做体检，养成好的预防疾病的习惯。

税负高低解析

民企税负到底高不高，高到什么程度，目前没有一个能被企业界认可的统一标准，各路学者专家更多是从宏观层面讲国内税负的合理性。中国政府90%以上的税收来源于企业纳税人，只有从企业纳税人微观的角度做数据分析，才能更客观地体现对企业纳税人的尊重。

税负——利税总额和分配率

过于宏观、抽象的概念反而会把企业税负复杂化，从微观层面分析企业税负高与低其实并不复杂，只要精准计算两个关键指标即可。

（1）利税总额

利税总额=净利润+企业实际缴纳的所有税费（包括：一般增值税、土地增值税、消费税、营业税、企业所得税、房产税、契税、印花税、各种附加费、个人所得税）。

这里没有把企业承担的社保统筹包括在内。个人所得税实际也是企业承担的员工人力成本的一部分。

（2）利税分配率

利税总额相当于一家企业按年度计算的利税总额蛋糕。从法律上讲，有权力分享企业利税总额蛋糕的只有两个主体，第一是国家，第二是股东。

国家和股东各自享有利税总额的比例是多少？

从企业微观层面，通过统计、计算一家企业年利税总额和实际交税额，就能客观对比国家和股东分享的利税总额比例是多少。国家分享以实际交税额占企业利税总额百分比计算。

规模以上企业指的是非小规模、非小微企业型企业，企业商品增值税率是13%，所得税率是25%，如果该企业不享受任何增值税、所得税优惠，国家会分享到这家企业利税总额的50%以上，占大部分比例。

企业利税总额分配比例，国家与股东各占50%是平衡线，当国家比例超过50%时，对该类企业来讲面临的就是高税负。企业税负高低跟企业类型、行业、盈利能力、享有税收优惠等综合因素有关。

4类企业交税和赚钱情况

第一类：赚得多、交得少。这类企业享受国家给予的税收政策红利，企业股东享有利税蛋糕大份额，主要有4种情况：

（1）出口型企业享受出口退税。出口退税相当于出口利润，是国家对出口企业的税收让利；

（2）农业种植与养殖企业。国家对农业企业给予税收让利；

（3）高科技、环保型、福利型企业。它们享受国家对行业的税收让利，例如芯片、集成电路等；

（4）小微企业。国家对小微企业增值税、所得税都有让利。例如：小规模纳税人只交1%的增值税；小微企业能享受最低2.5%的企业所得税税率。

第二类：交得多、赚得少。利税分配上国家占大头，股东分享小头。

这类企业增值税交得多，但净利润不高，又不享受国家税收让利和政府补贴。这类企业多是实业型企业，以中低端制造业和服务业为主，以国内市场为主，产品科技含量、品牌附加值、产品附加值不高，净利润率偏低，但企业用工多，创造的就业多。

如表5-1所示，该指标并没有统计股东分红的个人所得税，5家A股上市服装公司利润分配率，按平均值计算国家享受利税总额蛋糕近70%，股东只享有30%。其中美特斯·邦威的股东最惨，因美邦亏损但增值税必须交，美特斯·邦威利税总额国家分享了100%。5家公司平均税负率达10%（按实际交税额占年销售收入百分比）。

表5-1　5家A股服装上市公司2017年度利税总额和利润分配率

序号	主要指标	海澜之家	报喜鸟	拉夏贝尔	森马	美特斯·邦威	平均
1	盈利状况	盈利	盈利	盈利	盈利	亏损	
2	利税总额(元)	5,797,816,712	301,169,169.13	1,523,524,000.00	2,349,638,626,38	419,180,348.00	
3	交税总额(元)	2,468,487,889	275,240,338.79	986,084,000.00	1,211,709,329.11	419,180,348.00	
4	税负率	13.6%	10.6%	10.96%	10.57%	6.48%	10.43%
5	利税分配率	100.0%	100.0%		100.0%	100.0%	
5.1	总计	42.6%	91.4%	64.7%	51.6%	100%	70.05%

注：按5家公司2017年度财报披露数据统计

如果只从微观层面看，国家是所有规模以上民企的真正大老板、大股东，国家税率设计一定是基于国家利益优先的大原则。像中国这么大的国家，各地经济差异非常大，中央在财政设计上的二次转移支付更是国家治理和制度优势的体现。把整个国家的经济大蛋糕做大，把中国经济总量做大，“水大鱼才会大”，最终受益的一定还是企业。

第三类：交得多，赚得也多

地产、建筑类企业是这类的代表性企业。地产企业税交得多，但股东和老板赚得也多。地产老板赚钱靠的是土地资源和资金，尤其是靠借贷资金，高杠杆赚钱。地产企业交税多，更是天经地义。

第四类：交得少，藏得多

这些是两套账企业，是利用各种手段隐藏利润、转移利润的企业。

正是因为这类企业数量不少，很大程度上扭曲了税负率的客观性，干扰了国家宏观税率政策的制定，更扭曲了市场竞争的公平性。国家一直以来加速金税工程，金三、金四系统全面上线，就是为了遏制、打击、彻底清理这类不合规企业。

税收筹划方法论

税收筹划因果关系

企业纳税行为由3部分组成：产生税的环节、核算税的环节、申报税的环节（见图5-3）。尤其是产生税的环节和企业纳税行为之间是因果关系，纳税人产生税的三大起因如下：

第一，税因交易或业务而产生；

第二，税因公司而产生；

第三，税因纳税人身份而产生。

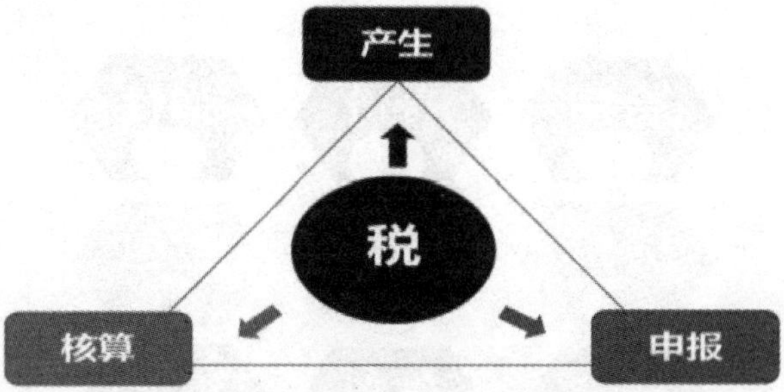

图5-3 企业纳税行为构成图

税收筹划九大方法

税收筹划需要知行合一，它应从企业实践中来，到企业实践中去。税收筹划一定是基于真实的业务背景和真实的业务交易。

老板财税知识

老板需要知道税收筹划的方法和道理，结合所掌握的业务资源，积极参与企业税收筹划方案设计。咨询中发现一种普遍现象：老板不直接参与税收筹划方案设计和决策讨论。这导致税收筹划方案很难推进实施，毕竟中小企业里老板掌握着绝大多数的资源。

税收筹划的九大方法如图5-4：

图5-4 税收筹划九大方法

（1）合同——合同控税

在签订业务合同时，融入税收筹划条款，把控好关键合同条例，这样才能实现四大合同控税红利。

第一，递延。利用合同条款的有利解释原则，实现交税时间上的递延，享受晚交税的资金红利。

第二，税率。合同约定服务内容，按服务内容约定合同交易税率。例如：有混合销售发生，提供产品和安装服务的税率不一样，产品增值税税率是13%，安装服务的税率是9%。

第三，税基。有些税的缴纳是基于税基，如印花税。

第四，风险。通过合同条例的有利解释原则，规避、转移纳税人涉税风险。

（2）身份——身份红利

企业在设立公司时充分利用好纳税人身份红利，包括小微企业纳税人、小规模纳税人、福利企业纳税人、科技企业纳税人等身份。

（3）弹性——弹性红利

中国现行的增值税税率分为6档：13%、9%、6%、3%、1%、0。增值税税率本身有弹性，给企业利用弹性红利提供了筹划空间。

例如：一家企业吸纳新的自然人股东，是选择现有股东出售股权给新股东还是选择向新股东增发？尽管都是引入新股东，但选择不同，税负一定不同。又如：提供车辆出租还是提供车辆服务，两者税率完全不一样。提供车辆出租按13%增值税，提供车辆服务视为提供运输服务，按9%缴纳增值税。

（4）分拆——分拆红利

企业充分利用业务分拆享有分拆红利。例如：有的企业既提供商品又提供服务，服务业务占比越来越高。如果把服务业务分拆成新公司，企业在服务业进项加计扣除，增值税税率、所得税率可以享有很大的红利空间。

（5）转移——风险转移

企业之间发生业务往来，尤其是B2B业务，很多费用需要由企业承担，但支付上受限制，合规上受影响，需要做转移，企业能享受转移风险的红利。

（6）重组——重组红利

当企业涉及重大资产交易，是资产交易还是进行重组对税负影响很大，把资产交易融入资产重组业务之中进行税收筹划，能享受重组的税收红利。

（7）新设——“始乱终弃”

历史存续时间长、有历史财税遗留问题的企业，靠做账是无法彻底规避历史涉税问题的。可以选择给企业换个新壳，让企业彻底甩掉历史包袱后轻装上阵。

（8）借利——政府红利

中国各地政府财政收入差异巨大，甚至同一经济大省内，各地市之间财政收入差异也很大。这种局面一定会长期存在。地方政府都有推出鼓励招商引资的计划的动力，给新入驻企业提供的财政扶持力度很大。广东江门一家当地印刷领域龙头企业，2019年给江门交税高达1500万元，但只是象征性拿了不到1万元的奖励。该企业新建印刷工厂选择在安徽某地，当地政府提供低价土地、免3年租期的厂房，自企业交税开始，按年实际纳税额地方留成的80%，用财政补贴方式返还给该企业。

为了刺激经济、增加地方经济活跃度，地方政府的各种招商红利，对规模性企业来说是值得尝试的政府红利。

（9）组合——多元红利

大量实践发现，但靠某一种红利的运用还是无法达到整体降低企业税负的目标。在税收筹划上需要打组合牌，组合运用多种税收筹划的红利。

税收筹划底线原则

税收筹划必须秉承严肃、专业、理性、不贪心的底线原则。

（1）基于真实业务场景

业务真实是所有税收筹划的基础，脱离基本业务做税筹就是逃税、偷税，性质完全不一样。税收筹划一定要恪守合规底线。

（2）完整的证据链条的支持

真实业务是基础，需要有全业务链条的证据链为依据。例如，要有合同、资金、发票、单据、数据等为合规提供支持保障。

（3）实质合规而非形式

实质合规应该需要业务真实、证据链完整，经得起查证和问询。

（4）严谨逻辑原理支撑

符合相关法律、法规、政策文件，有相关政策、法规文件细则为纳税合规性做合理解释和说明。

案例分享：企业如何在合规和生存之间做选择

案例背景

温州某消费品品牌主要做儿童用品，年销售额1亿多元，员工70多人，带票采购达到了60%，年纳税额100多万元，属于良心型电商企业。交税额跟同行相比并不少，跟做几个亿不交税的服装企业相比，属于相对规范的企业。

该企业做服装达到1个亿规模，还处于生存期。老板讲，前几年公司也经历过办公地点搬迁、人员调整、产品定型等一系列的试错，2020年才算稳定下来，交税率占销售额的1%，属于低税负。该公司人员说，目前净利润率只有6%左右，如果完全做到合规，企业几乎无利可图，甚至还要倒贴钱。但合规是大势所趋，企业面临生存问题。

由于平台抽成拿走大头，线上销售时平台公司抽成按销售额的30%计算，如果该商品按50%的商品毛利测算，线上平台公司几乎拿走商品毛利的近60%，留给该公司的利润空间只有20%。线上销售越多，平台公司获利越多，该童装企业等于是给平台公司打工，属于增量不增利。这样的抽成比例明显比实体百货和卖场高得多，中小品牌商家明显属于弱势群体。价格竞争惨烈，平台抽成猛烈，各商家盈利空间更窄，合规难度更大。特别是直播带货等新模式出现后，拼价格、拼流量更猛烈，中小商家生存难度更高。

【案例分析】

该企业老板遇到的问题，本质上是选择生存还是选择合规的问题。

线上中小商家、厂家面临的生存现状是，平台拿走了它们的大部分利润，中小商家几乎无利可图。它们先被平台狠宰上一刀，还有利润空间去做合规吗？

电商商家合规普遍差的现象，谁才是最大受益者？

是各大电商平台公司和它们的股东。平台公司快速做大规模，上市后股价暴涨，背后的股东们赚得最多。做线上有钱赚的效应，让更多中小商家从线下转为线上，平台规模越做越大，平台的估值、市值、股价持续高涨。线下实体店在价格上拼不过线上，中小商家为了生存只能铤而走险。

现有模式下，国家该收的税没收上来，真正肥大的是平台资本方、投资方和操盘团队。随着股价冲天、市值暴涨，他们的身价达到千亿级、百亿级不在话下。

国家税源在流失，中小商家们在苦撑，资本大老板们却在狂欢。

这样的商业模式公平吗？这是一种健康的商业生态吗？这是平台巨头们当初创业的初心吗？

对电商商家征税是大势所趋，任何行业、企业、平台都不是法外之地，经商做生意交税，古往今来都是天经地义的。但我们需要客观、理性地解析电商行业生态链。

政策不应该一刀切。线上中小商家哀鸿一片、死伤大半，应该不是政府的初衷；大量电商商家倒闭、跑路，员工失业，应该不是政策制定者希望看到的结果。合规的目的是让行业和产业生态更健康、更公平，更具民生性、普惠性。

中小微企业在中国经济结构、民生就业中有着举足轻重的地位，几亿人的吃饭就业、家庭生存都依赖中小微企业。国家应该出台相关政策，在反垄断、反歧视性和公平性上给中小商家提供法律上的保障，对平台各种抽成、隐蔽抽成及各种收费比例设定上限，让中小商家在合规状态下有钱赚。商业行为本身就是一种博弈和转嫁，但这种博弈和转嫁一定是有序、公平的，不能无边界。这也是在考验政策制定者和执行者的智慧。

对待中小电商企业合规问题，很多财税专业人士的通病是说“正确的废话”。例如：上游供应商不开发票就换供应商，跟能开票的供应商合作。

说得有道理，挺专业，其实专业人士也陷入了思维误区。他们认为通过调整供应商，找到能开票的供应商合作，就能把采购无票的财税合规问题解决掉。实际操作起来未必如此。现实中很多中小企业面临的困境是，采购时要求供应商开增值税发票就必须额外承担开票税点，等于增加了采购金额，而增加的采购开票税点无法向下游消费者转嫁。毕竟消费终端市场竞争惨烈，加价意味着被消费者舍弃。遇到此种情景的企业处于两难状态：交税无利可图甚至还倒贴钱；不交税风险大。在生存和风险面前，它们只能被动选择生存，这是绝大多数此类企业老总内心的真实写照。

合规规划要点

那么，这类企业究竟如何做好合规？

第一，做好合规规划。要提前规划，分步实施，明确合规目标，全面优化经营。

例如：启动2年财税合规计划。合规是目标，合规背后一定需要增量利润空间支撑。没有增量利润空间，合规很难实施，合规目标很难达成。利润空间薄的企业想合规，确定目标后，就必须开始全面优化经营，获得增量利润空间。用增量利润去承担合规成本，实现企业健康发展，降低风险隐患，增大企业安全性。

增量利润空间从何而来？

合规倒逼企业转变发展方式，从粗放型、业务型向精细型、效率型转变。明确合规目标后，企业需要从商品、销量、定价、供应链、内部效率、商业模式这6个方面做全面的规划和改进，开源节流，全面优化，练好内功，给合规预留出利润空间，获得支付合规成本的能力。

前些年随着电商红利期到来，很多中小电商都选择抱团取暖的方式，集中在某地注册，形成规模效应，进一步吸引更多的电商企业来注册，在多地形成百亿级、千亿级电商商家集群。中小电商商家的心态就是反正大家都不交税，不交税也没什么。他们属于典型的不交税“敢死队”，跟当地政府形成了一种税收博弈。当地政府也是左右为难：众多商家不交税，于法于理讲不通，但如果对它们强行征税，这些商户有可能会大搬家，当地商业生态、消费、就业、民生、房价、人气都会受到很大影响。

但现在，业务驱动型企业靠简单地做大规模、冲销量来发展的模式，已经很难适应当下的市场环境。老板需要在优化商品结构、增加知识产权（IP）投入、提高商品附加值、提高人效、提高内部效率上下足功夫。这对老板本人也是挑战，老板对整个企业的关注点需要做整体优化，从商品、销量、定价、供应链、内部效率、商业模式上做好顶层设计，抽出更多的时间去思考企业商品、经营、组织、流程、架构如何优化，练好企业内功，提高企业整体能力。合规也是倒逼企业提升整体能力。很多做到几个亿的电商公司都是靠粗放式、做销量，赶上前些年电商红利期做起来的，老板本身的认知还停留在生意人思维模式上，他们的经营管理能力与规模相比相差很远。

政府的作用应该是引导，通过引入知名服装厂家、电商公司，给予政策、资金、产业扶持政策，帮这些有合规意愿、有合规实施能力的企业做大做强，让有规模的企业合规之后有钱赚、有能力发展。做大合规群体的规模，扩大它们的市场份额和市场影响力，进而推动整个行业合规。

第二，做好财务规划。

财务规划是企业经营和决策的“抓手”。先有业绩增量计划，再有财务规划，业绩增量计划最终要跟财务规划相匹配，财务规划也能给老板提供依据。

利润增量计划要有财务数据做支撑，应该把利润增量计划做成利润增量预算。企业要先做好经营计划，算清楚账再执行，这样才能降低风险、增加安全感。

合规的终点是财税，但起点一定是业务。合规一定先从业务规划、利润增量计划开始。合规是需要成本和付出代价的，如何消耗和冲抵合规成本呢？从业务端全面优化，是真正的实质性合规，而不是形式上的。

第三，请财税咨询顾问。如果只是给企业做形式上的合规，企业一定要慎重。形式合规是在忽悠企业，给企业埋雷，后患无穷。

合规考验老板格局。对老板来讲，把控好公司方向是关键，是继续按现在的不合规模式经营公司，宁愿担风险，还是早日启动合规，需要老板考虑清楚。

老板财税知识

合规本身也是企业价值的体现，合规的长期价值远远大于当期成本，财税合规的企业在后续公司方向选择上有更多的空间和余地。

06
资　本

为什么做实业的老板大多不具备资本运作的能力，做实业和资本运作的差别到底有多大呢？

与资本方打交道，如何识破对方的“阳谋”和“阴谋”？资本方都是如何布局，如何让实业老板入局的？与资本方博弈时，老板如何保护切身利益不受损？

本章会回答民企老板最关心的与资本运作相关的问题。

资本运作目的

做企业有4种赚钱方式，如图6-1：

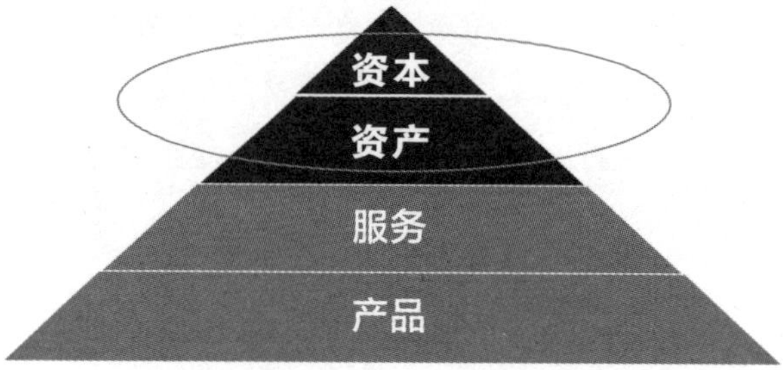

图6-1 企业赚钱方式的金字塔结构

金字塔塔底的是依靠产品和服务赚钱，属于“实业利润”。

金字塔次塔顶依靠拥有资产赚钱，属于“资产利润”，最典型的是拥有房产、土地、店铺，靠它们升值赚钱。

金字塔最顶端依靠资本赚钱，属于“资本利润”。例如股权、股票、各类金融产品，属于典型的“钱生钱”。

靠“资本利润”和“资产利润”赚钱，同属于“资本运作”。雅戈尔发布的2020年业绩预报显示：公司投资业务实现净利润44.70亿元，同期时尚服装板块净利润仅10.1亿元，投资性收益是实业收益的4倍多。2008年，雅戈尔靠持有中信证券原始股获利超百亿元，2020年，又靠持有宁波银行原始股获利丰厚。雅戈尔通过资本投资赚的钱，远比卖服装赚得多。

在过去的20多年中，中国最富有的人群主要依靠3种模式赚钱：

第一，股权。中国顶级富豪都靠拥有公司股权赚钱。随着公司上市后股东身价剧增，股权造富模式在中国越演越烈，吸引无数的老板在股权造富路上拼命奔跑。

第二，房产。过去20多年，中国升值最快的资产就是房子，房产造富模式，最典型如山西“煤老板”在北京成栋购置房产，“温州炒房团”等，持有多套价值不菲的房产，成为不少老板寻求财富保值增值的首选。

第三，经商。过去20多年经商的老板大多赚到了钱，这是经商造富模式。

互联网时代，特别是移动互联网时代，成倍放大了股权造富模式，让很多一直安心做实业的老板蠢蠢欲动，也想在资本赚钱上大胆尝试。

实业家与资本家

做实业和资本运作赚钱的方式不同，没有高低贵贱之分，但绝大多数做实业的老板很难从生意人转身为企业家，再从企业家转型为资本家。很多培训机构把成为资本家渲染成赚钱的最高境界，这本身是一种误导。不少老板花很多钱上各种资本运作课程，但转型成功的几乎没有。

各大培训机构在给老板讲资本运作的课程时，往往会放大它的好处，避而不谈资本运作背后有哪些弊端，需要老板具备哪些能力，导致很多老板不顾自己的能力，盲目进行资本运作。

需要强调的是，资本运作赚钱比实业赚钱更难，风险更大，对能力的要求更高。

那么，哪些老板不适合资本运作？

（1）不懂放权的老板

（2）做事太细的老板

（3）没有大局观的老板

（4）没有财务思维的老板

（5）疑心太重的老板

2015年年初，我跟苏州SH灯饰总经理刘总沟通，建议他把公司股权卖掉，他自己也觉得做得太累，想把企业卖掉。但跟他谈了几次，我发现他顾虑担心的事情太多，对此事始终下不了决心。

任何一家企业的黄金期都是有限的，黄金期决定了企业价值，更是吸引各路资本的关键。如果错过了企业黄金期，再想出售企业股权，实现资本收益，不仅价格会大打折扣，而且还很难再找到合适的买家。

玩资本需要老板有“算大账”的财务思维和资本思维，而不是把时间和精力都放在“算小账”上。

广东中山有家童装企业成立32年了，在一、二线城市知名度很高，质量也得到了家长们的认可。这家企业早在2010年就开始筹划IPO，但最终上市未果。

随后几年，多家国内知名服装品牌公司跟该企业谈股权收购，最终都卡在老板要价太高上。该企业老板“算小账”没得说，算得很细、很精明，跟随他工作10年的公司总经理离职后自己创业，说道：“老板算账能把别人算到只剩下骨头，连汤都剩不下！”但该品牌之后几年业绩大幅下滑，老板虽有出售公司的打算，却很难再寻到好的买家。

资本运作背后的“阴谋”与“阳谋”

在资本时代，做实业的老板跟各路资本打交道的次数会越来越多，IPO、股权融资、并购重估、股权交易，都需要跟资本打交道。各路资本是推动经济和产业发展的重要的社会经济力量，资本对各主要产业的渗透力很强。但资本有两面性。

我在咨询实践中发现，做实业的老板群体在和玩资本的机构与投资人代表打交道时，总是不对路。做实业的大多做事比较务实，无论是玩“阳谋”还是“阴谋”，都处于劣势。

某知名餐饮品牌老板与资本方合作时出现致命失误，最终将辛苦打拼的企业拱手让人，自己黯然出局。企业没有被竞争对手打垮，却被股权融资合作的资本方“玩死”。现实中，这样的资本悲剧一直都在上演，只是换了不同演员而已。

做实业的老板如果不清楚资本运作背后的“阴谋”与“阳谋”，跟各路资本合作的过程中，很可能被算计导致遭受损失甚至出局。

何谓资本“阳谋”？

这类资本有资金实力、投资经验，更有灵魂人物。它们属于资本投资领域中的“头部资本”，在资本交易市场积累了行业口碑和人气，具备独到的价值判断能力，在识别老板、识别企业、风险控制、投资策略上已经达到炉火纯青的程度。灵魂人物更是具有资本领域带头大哥的风范。

靠“阳谋”赚钱的资本，能发现价值，洞察、挖掘、培育“独角兽”企业，本着“双赢、共赢”的理念扶持有潜力的企业，助其成长，给需要资金的企业注入的不仅仅是钱，还有运营理念和有价值的资源对接。

何谓资本“阴谋”？

这类资本大多实力不济，资金、资源、能力有限，更缺乏灵魂人物和独到的投资理念，但它们还想赚取资本投资的高额回报，因此只能通过各种阴谋手段达到目的。例如不履行投资协议，甚至人为干扰审计师出具审计报告和审计结论。

各路资本存在一定共性。它们的赚钱方式都是一样的，靠“低买高卖”——低价从别人手里买来股权，再高价卖出去，实现盈利翻倍。被投资的企业只是资本方的套利工具。

资本运作“六大局”

做实业的老板们和新锐创业者们都想知道，资本方如何实现低买高卖。答案是靠“做局”。

资本运作的高手都是“做局”高手，就像下围棋的高手一样，善于看棋局，观局面，下关键棋子。

跟资本运作有关的“六大局”有：布局、做局、入局、出局、僵局、破局。

（1）布局

资本布局就是寻找、发现新的商业机会，也就是找到新的可以投资的风口。前些年的共享单车，如今的新能源汽车、生鲜电商，都是资本布的局。各路资本最不希望看到的就是没有市场热点，若没有风口产业，资本将无的放矢。

（2）做局

资本运足背后靠的是人，即资本操盘手。他们是资本运作的灵魂人物，具备构建新的商业思路、新的商业模式等超强的做局能力，能吸引各路资源参与。例如组建核心团队，成立特殊目的的持股公司，等待目标企业入局。

（3）入局

也就是选择好目标企业和目标老板，把它们拉进设计好的局中。

（4）出局

资本交易背后，哪里有利益，哪里就一定有利益博弈。没有永远的朋友，只有永远的利益。当出现资本方、操盘方利益不一致时，一定会有人出局，成为牺牲品。

（5）僵局

当资本方、创始方、操盘方出现利益分歧和利益博弈后，陷入僵局是必然的结果。

（6）破局

能否打破僵局，考验的是资本方大佬和灵魂人物的智慧。当初高瓴资本撮合京东和腾讯合作，当刘强东和马化腾出现重大分歧后，高瓴资本灵魂人物张磊出面，让京东和腾讯两位老大重归于好，最终实现正常合作。

资本投资圈也是一个江湖，有江湖的地方就有利益纷争，但江湖更讲究人情世故，头部资本的灵魂人物都是人情练达的高手，更是化解矛盾的达人。

案例分享：中小企业如何规避资本方预先布好的局

案例背景

2016年，浙江湖州的永泰医药连锁公司和河北敬一堂连锁公司一起被德大健康收购（本案例提及的企业名称与相关人物姓名均为化名）。永泰医药在2016年10月跟德大健康签订收购协议，早于敬一堂两个月。

2018年10月，永泰医药创始人李×和德大健康完成最终并购交割。交割以换股方式成交，李总从永泰老板变成了德大健康股东，永泰医药被彻底并购到德大健康名下，成为德大健康全资子公司。创始人李总身份发生了彻底改变——从老板变成了股东，尽管李总还在永泰医药主持日常业务，但其实质上变成了为德大健康打工的职业经理人。

李总在企业里做的事情跟以前一样，但身份的改变让李总陷入了前所未有的忧虑。

第一，德大健康能否顺利完成IPO或整体出售是未知；

第二，李总不是德大健康核心成员，根本左右不了德大健康今后的走向。

第二点恐怕比第一点更让李总不安和忧虑。如果把公司比作一艘船，李总之前一直都是永泰的船长，永泰这艘船往哪儿开，什么时间开，到哪儿停，作为船长的李总拥有绝对的指挥权。当被德大健康全资收购之后，船还是原来的这艘船，但船长的指挥权转到了德大健康手中。李总现在只负责开船，没有指挥的权力。

【案例分析】

这个案例让我们反思两个问题：

第一，为什么李总会陷入今天这样尴尬的局面？

第二，做实业的老板们遇到跟李总一样的资本交易时，该如何处理？

首先，做实业和资本运作是两种截然不同的赚钱模式，做实业的老板普遍缺乏资本运作经验。李总不了解资本背后的布局思路、套现逻辑和整体资本方案设计。即便有些了解，也不是系统性的，缺乏整体判断能力。不仅李总，国内大多数民企做实业的老板在资本运作上都存在缺陷和短板。

其次，李总和他的核心团队成员缺乏对整个交易进行模拟的能力，以及对可能出现的问题提前做预案的应对能力。这些能力对做资本运作的企业而言至关重要，资本运作过程中任何一步出现失误，都可能造成无法挽回的后果和经济损失。

最后，资本方像空中盘旋的秃鹫一样在时刻观察，等待实体企业老板犯错误，企图利用实体企业出现的任何失误吞并该企业。

想要搞清楚永泰李总的遭遇，必须详细地解析整个交易背景和交易过程，还原整个交割过程和关键交易节点。

2016年，总部在杭州的德大健康收购了湖州永泰医药连锁80%的股权。这件事在国内医药连锁业内产生了很大反响，行业内老板都在问：德大健康是谁，为什么收购永泰？德大健康从哪儿弄来这么多收购资金？收购永泰后下一步的打算是什么，最终的目标又是什么？

（1）德大是谁

公司全称：杭州德大健康产业投资管理有限公司

成立时间：2016年4月13日

注册资本：10亿元

主要股东：上海德大健康投资管理有限公司

主要人员：

董事长：王××

董事：刘××

董事：赵××

监事：李××

总经理：吴××

（2）谁是德大健康的操盘手

董事长王××、总经理吴××两人是德大健康实际的操盘手。他俩先有了创建德大健康的想法，再对接资本。

他俩有在国内第一家海外上市医药连锁企业做老总的经历，也非常了解国内医药连锁区域化、块状化、零散化的市场格局，觉得这是很好的资本整合机会，整合好了之后可以打包IPO上市。

于是，两人开始找投资机构。国内有钱的投资机构有很多，在大的投资环境不好的情况下，很多投资公司很看好国内医药连锁行业。尤其是一笑堂、老百姓、益丰。三家医药连锁企业上市了之后，很多投资公司都想复制当年弘毅投资一心堂、今日资本徐新投资益丰的资本运作模式。

王、吴创建的德大健康先搭上杭州滚石基金，后跟某省投资开发投资对接，之后跟境内外资本大佬、投资公司合作，一起做大医药连锁大蛋糕。

（3）操盘手给自己设计的利益模式

操盘手设计的是“管理费+股权”的盈利模式，本质上这是只赚不赔的模式。

首先组建两位操盘手为主的管理团队。作为操盘手，他们先从投资人那里收取两年2%的管理费。按两年基金30亿元的规模，他们一共能收到6000万元，足够保障团队3～4年的个人收益了。一旦上市，操盘手团队的收益不低于10亿元；如果上不了市，再打包出售给更大的上市医药连锁巨头，这些股权至少也值几个亿。最坏的可能是上不了市也卖不出去，但在这种最极端的情况下，他们也有几千万元的管理费收益。

两位操盘手从利益设计结构上，就保证了操盘手团队的利益。

（4）操盘手自己的利益如何才能做到最大化

设计好操盘手盈利模式后，再通过公司治理结构，把资本方、操盘方与老板方隔开。操盘手在中间，对上衔接投资人，对下衔接连锁店面老板。董事会成员不包括门店老板。按照常理，董事会成员必须是股东代表，董事代表股东参与对公司重大事项的表决和决策。上市计划中，门店老板股东整体加在一起，持股不低于上市主体公司股份的40%。

拉门店老板们上新船，就是把他们收到的并购现金再反投到德大健康，成为德大健康股东，既能解决德大在扩张期所需的收购资金，又能绑定已经收购门店老板的利益，让他们必须跟着德大这艘新船一起，按照操盘手的指挥走。只要上了德大这艘船，“李总”们就身不由己了。

董事会成员压根就没有考虑这40%门店老板股东们的决策利益。这只能证明一点：这是操盘手们自己设计的。如果门店老板对此没有太多争议就可以执行，如果有争议，就采用各个击破的方式分化和平息。毕竟做实体门店的老板们对资本运作背后的套路并不熟悉，只要能向老板们承诺利益上的保障，其他的例如董事会席位等，老板们关注得不多。

对多股东合作尤其是投资人占比大的德大健康公司，董事会席位和组成结构对今后公司重大事项决策权影响非常大，董事会一定会主导德大健康所有重大事情的决策。

今天李总遇到的局面，正是因为他自己在当初交割时，没有发现股权转让、利益保障等关键性条款设计上的致命陷阱。

第一，第一次交割就出售80%的股权，导致李总过早失去了对公司的全面控制权。李总完全可以只出售51%的股权，依然能全面掌握公司的实际经营权，可进可退，整个盘局并不完全被动。一旦后期德大健康出现重大变化，李总还有跟德大方讨价还价的机会和底牌。

第二，反投德大健康时，在对股东权益没有充分保障的情况下直接交割，尤其是董事会席位上的缺失，为日后很多重大决策上的失误埋下了隐患。

第三，李总对德大内部资本方、操盘方过于信任，根本没有想到德大健康会出现种种问题。

这种公司治理架构和利益模式，非常有利于操盘手团队的核心资本方。

（5）德大健康模式是如何推进的

首先，设计好操盘手利益模式+公司治理模式，整合好收购门店。

德大健康模式核心是“铁三角”三方关系，即资本方、操盘方和老板方，我们需要还原这三方在德大健康各自扮演的角色。

资本方主要是以投资基金为主，它们是主要出资人，在整个德大模式中的作用主要体现在4个方面：

◆ 全面掌控德大董事会，对重大决策有决定权，决定德大后期是独立上市还是整体出售。

◆ 掌握对德大模式操盘手和主要团队核心成员的任免权力。

◆ 决定德大健康是否吸纳新的投资方加入。

◆ 决定德大整个公司的治理模式、管理模式、重要岗位人选。

操盘方无论是前期的王一华，还是现任总经理吴国良，都受资本方制约。说白了，德大操盘团队是给资本方打工的，资本方有权对操盘方人选做重大调整和人事任免。操盘方的作用体现在以下4个方面：

◆ 全面主抓德大健康运营，提高年度经营业绩。

◆ 全面推进对收购连锁药店的经营整改和管理优化。

◆ 整合德大健康业务资源，释放集采等的经济效益。

◆ 在资本方和老板方之间充当桥梁。

例如，操盘方管理费和股权兑现等，全部都受制于资本方的态度和操守。前期一直都是德大健康旗帜式人物的王一华先生，于2018年下半年被资本方罢免，失去了德大健康董事长的位置，同时也不再负责操盘手团队任何日常工作，黯然出局。

德大健康收购的各家连锁店老板群体总称为老板方。被德大收购之前，他们都是老板。被德大收购进来，把收购对价变成德大股份后，他们的身份发生了根本性的变化，成了德大健康的股东，还都不是一级股东，而是被牢牢控制在一个个壳公司里的受限股东，单个老板都是德大健康小股东。门店老板方目前的状况如下：

◆ 负责各自门店的经营。说白了，他们现在都是在给德大资本方打工。

◆ 因为他们的股权都在德大健康总的股东盘子里，他们为资本方打工是被动的选择。

◆ 即便老板方想一起跟资本方论理，也已经处于相对弱势的地位。因为不管是从公司治理结构，还是从收购协议条款上来看，他们想跟资本方博弈，都是相对被动的。

◆ 他们的利益兑现的关键在于，整个德大健康总盘面是否向好，IPO之路走得是否顺利。因为正式协议签字后股权交割，反向投资成为德大股东之后，这些门店老板们就只能上德大健康操盘手当船长的船了。

各家连锁药店老板都是生意人起家，整体上对资本方设计的利益模式和套路不熟。中型连锁药店老板们普遍存在资本运作缺陷。

（6）德大巨额收购资金从何而来

德大的资金结构组成是民资（杭州滚石投资基金公司）+国资（某省开发投资有限公司）+外资（外资持股的投资公司）。

多家医药产业资本、金融资本都在对接各地有影响力的医药连锁企业，想用“资本+区域龙头”的方式扩大势力范围，做大连锁规模，最终目标都是通过IPO收获巨额财富。

资本“六局”全景式解读德大资本运作

（1）布局

凡是运作资本，都是先从布局开始。德大健康商业计划的融资、操盘、并购、反投、估值、对价、上市、出售、变现等，需要一整套商业大布局思路。从项目筹划到启动到最终如何变现，都需要提前做好全面的设计和准备。多数做实业的老板们都没有这种布局能力和经验，更没有全面参与过布局。

德大健康运作背后的布局者是谁呢？是德大资本方和两位操盘手。

（2）做局

做局说白了就是把德大健康规模做大，这就要找到合适的并购目标，不断增加业务、资产和收入，把局做漂亮。

这背后需要不断吸引新投资者进入，德大健康做局的对象主要是被收购企业的老板们。

德大健康整个商业布局中，“反向投资”至关重要，可谓一箭多雕：

◆ 解决了德大扩张中所需的资金，一笔收购款能使用多次；

◆ 能把收购进来的企业的老板们绑在德大健康这艘大船上，让他们为德大打工；

◆ 保证初始投资的资本方滚石基金和操盘方的利益最大化。

资本运作的做局与股市里造势的性质是一样的，为了吸引新的投资人进场，就要提供漂亮的数据，描绘更具吸引力的前景，跟老板们承诺上市后收益会翻几倍。

为什么德大健康把做局对象定位为连锁门店老板群体呢？主要是基于两大原因：

第一，这不会稀释和动摇德大初始资本方滚石基金的主导权。如果引入更有实力的专业投资基金进场，滚石在德大的地位和影响力会被左右，毕竟无论财力、影响力还是背后的资源，滚石跟这些大佬基金都不在一个层次上。例如：如果德大向市场上有实力的投资基金大佬释放融资和股权，对方一定会要求匹配应有的权利，如董事会席位或其他有重大影响的约束性条件。

第二，向专业化投资公司释放股权融资的操作难度远高于门店老板群体。德大向门店老板释放反向投资时，门店老板从专业角度质疑资本方和操盘方的可能性极小，就是提，也缺乏专业深度。

（3）入局

第一批加入德大健康股东层的新股东都是入局者，其中最大的股东就是湖州永泰原董事长李总。

李总是以自然人身份入局德大健康设立的壳公司里，他不属于德大健康一级股东，今后就是想套现、想退出，都身不由己。

（4）出局

德大健康在资本运作的过程中，一定会有人出局，包括操盘手出局或股东出局。出局是各方利益博弈的结果，同时也符合某些利益主体的特殊需要。

很不幸，第一位出局的是操盘手“三巨头”之一的段文。他是整个方案的重要参与者和设计者之一，一直以来都是他代表资本方在德大健康主持并购和收购后的财务审计等事项。

第二位出局者是德大健康的扛旗者，原董事长王一华。这样一来，当初的操盘手“三巨头”，只剩下总经理吴国良一人了。

以上所讲的4个局都是“阳谋”。在此我必须强调一点：对老板群体来讲，资本方、操盘方说什么，都要秉承“不可不信，不可全信”的态度。最重要的是，老板们需要有识破、分辨各种“阳谋”的能力。

（5）僵局

德大健康盘面有陷入僵局的危险，主要基于3点判断：

第一，缺钱。不能给收购合约到期的企业支付现金交割款，容易引发内部矛盾。

第二，缺“人和”。这是最致命的。德大模式对“人和”要求更高，资本方、操盘方和老板方三个群体组合到一起，融合难度远远高于一心堂、老百姓、益丰和大参林。需要德大高层有所作为，而不是人为地再次制造内部失和。

第三，缺后劲。受资金和内部失和影响，德大外部收购的步伐放慢，业绩增速放缓，需要从现有业务的存量开始做业绩。

（6）破局

德大健康只有两条路可走，自主IPO或整体出售。但无论走哪条路，把现有业绩做好，让公司稳定发展才是最关键的。

德大健康破局靠的是重拾“人和”。内部不折腾，正视公司里的问题，切实保障被收购企业的老板们的利益，资本方、操盘方、老板方拧成一股绳，做好主业，实现可持续盈利，才是关键。

解决方案

德大模式破局，顺利整合“人和”，需要从4个方面入手：

第一，正视。

资本方要正视各方利益。正视德大健康在公司治理、团队管理、经营上的问题，本着不回避、不敷衍、不推卸的原则，以真诚的态度正视各种问题，用坦诚和主动应对重获人心和凝聚力。

疑问：德大健康资本方滚石基金和董事会成员，是否有正视问题的心态和格局？

第二，担当。

德大健康需要有新的“旗手”出现。这个角色要有担当，有格局，懂得取舍，能整合各方利益，撑得住德大健康总盘面。该角色缺失，德大健康就是一盘散沙。

疑问：德大健康资本方和董事会能派出这样的领军人吗？

第三，转变。

市场留给德大健康的时间不多了，各路资本大佬、行业巨头都在快速整合国内医药连锁资源，行业集中度会持续聚焦到龙头企业。

德大健康需要从董事会层面做出转变，以整体利益为目标，重“人和”、人气。

疑问：德大健康资本方和董事会能有大的转变吗？

第四，公心。

德大健康高层要整合公司“人和”、人气，靠的是“公心”。

疑问：德大健康资本方和董事会在做事和用人上能有多大的“公心”？

德大健康前面的路能否走成功，关键就在“人和”，本质上取决于德大资本方、董事会核心成员的态度和行动。

但2020年，德大健康发生的投资协议兑现事件，可以看出资本方“阴谋”手段之端倪。

德大健康在2017年年初跟北方一家区域连锁企业敬一堂签订股权投资协议，约定双方在第三年年底即2019年年底交割剩余的49%的股权。到了协议约定的交割时间，德大健康却始终在回避，双方甚至在2019年年度审计报告上出现严重争议。

资本方和被投资企业进行的审计，本来属于“阳谋”范畴，都是能摆在桌面上交涉的，但这事在2020年被德大活活演绎成了值得回味的“阴谋”。

第一，不认可审计结果。

2019年，敬一堂业绩大幅增长，净利润增幅显著，但德大健康并不认可，内部开会时放话要将敬一堂2019年的净利润拦腰砍一半。

普华永道自2020年2月进场审计，直到5月底迟迟提供不了最终审计结果，延误了敬一堂2019年度所得税汇算清缴。敬一堂提供的业绩数据和单据翔实，货、钱、票、单据完整。最后，普华永道只是在会员积分核算上找回了几百万元利润，对敬一堂2019年最终净利润额没有太多影响。

既然无法通过施压审计师大幅调低敬一堂2019年净利润，那么此时德大健康会收手吗？一定不会！

第二，不接受审计结论甚至给审计机构普华永道施压，让其出具有保留意见的审计结果。

敬一堂的业绩在德大健康中举足轻重，净利润占德大健康合并后报表净利润的近1/4。如果普华永道给敬一堂2019年审计的结论是“有保留意见”，会影响整个德大健康的公司估值和IPO，甚至会影响对潜在并购对象的收购。德大健康一方也将是受害方，将无法在3年内上市或整体出售。

第三，迟迟不给敬一堂提供审计报告。

2020年9月底，德大健康举行股东大会，向全体股东汇报2019年审计的财务结果，此时依然不给敬一堂提供2019年度审计报告。

德大健康跟敬一堂是母子公司关系，尽管德大健康持有51%的股权，但其2019年经审计的财务报表采用的是合并法，合并所有持股50%以上公司的财务报表。按正常审计程序，应先审计所有子公司财务报表，审计结果认可后再出具母公司合并后的财务报表。母子公司审计和出财务报表，一定是遵循“先有鸡再有蛋”的原则。而德大高层迟迟不给敬一堂提供2019年审计报告。

此时的敬一堂老板远比湖州永泰老板李总淡定，他有敬一堂49%的股权在手，更重要的是有敬一堂实际经营控制权在手，有的是时间和资本跟德大健康博弈。当初财务顾问向敬一堂老板强烈建议只出售51%的股权，让德大健康能合并报表；但自己牢牢掌握49%的股权，不但能继续享有未来3年公司业绩增长红利，更能在跟资本方博弈中占据主动。2016年年底，敬一堂估值是4.8亿元，按2019年最新业绩计算，估值达到15亿元。持有的49%的股份估值7亿多元，比3年前敬一堂总估值都高。

同时，早在敬一堂跟德大健康合作之前，在财务顾问的强烈建议下，敬一堂股东成立了两家股东持股的有限合伙企业，用这两家合伙企业反向投资德大健康，成为一级股东。按德大健康最新股东持股情况，敬一堂老板和创始团队组成的股东实际持有敬一堂股份超过50%，为后续的博弈和合作提供了保障。

最后，来说财务顾问在本案中的特殊价值。

同时被德大健康收购的两家企业敬一堂和湖州永泰，收购时永泰估值比敬一堂高2亿元，但3年后敬一堂老板和创始团队的身价远比李总高得多。

永泰李总替德大健康抬轿子3年，永泰的业绩和估值增长跟李总没有什么关系。相反，敬一堂老板3年来身价涨了近1倍。

敬一堂老板背后，有经验的财务顾问全程参与，给出宝贵意见，在资本博弈中为其保驾护航，让老板没有出现太大损失。相反，永泰老板只能眼睁睁看着辛苦创业的永泰成了德大的赚钱工具。

请财务顾问花的咨询费和老板实际利益相比微不足道。事后，李总也对此感到万分后悔。

这样不同的境遇，是两位老板的眼光、意识和认知水平决定的。

07

风　险

民企存在的风险

民企经济主要分为3个阶段，民企在不同阶段，会呈现不同的风险特征。

20世纪90年代是民企经济“1.0时代”，民企风险主要是过度营销所致。发展速度太快，导致管控缺失，资金流严重失血，最终企业破产，创始老板黯然出局。代表性的失败企业是秦池酒业有限公司。史玉柱也是因为公司扩张太快又盲目投资超高地产建筑，导致资金链出现严重问题。

2000年前后，民企经济进入“2.0时代”。出现重大风险的民企多是老板在政商关系上出现重大失误所致。

当前，民企经济已进入“3.0时代”，民企风险特征表现为：风口、“烧钱”、逆袭、补贴、巨亏。最著名的一句话就是：“站在风口上，猪都能飞起来。”

3.0时代的企业财务危机大多打上了资本烙印，如江西赛德彭晓芳、乐视网贾跃亭、ofo共享单车、康美药业，以及在疫情期间被曝光的瑞幸咖啡。在写作本书稿期间，海航集团申请先破产再重组的重大消息让市场哗然。2020年以前，海航资本运作风生水起，引起商界瞩目和关注，现如今却落入破产的窘境。

民企风险分类

民企风险主要包括经营风险、财务风险、税务风险、安全风险和决策风险。

可能有人认为，经营风险是最大风险，其实经营出现风险，损失最多的是钱，但是财务和税务一旦出现风险，老板很可能身陷囹圄。财税风险才是老板最大的风险。

老板底线思维

老板们表面风光，其实都面临各种人、关系、商机、各种利益的诱惑，稍有不慎，很可能面临棘手的风险和麻烦。做老板的需要具备底线思维，尤其是成规模的民企老板。

老板的底线思维表现在3个方面：

第一，知道什么事该做，什么事不该做，做事有分寸。

第二，知道什么钱该赚，什么钱不该赚，赚钱能取舍。

第三，对什么人该交往，交往多深，老板有尺度。

【案例解析】

SH集团总部在成都，是西南地区最大的豪车经销商，在西南地区有30多家公司，主要经销全球十大豪车品牌，年销售额超过100亿元。

老板做汽车这行有40年了，喜欢汽车，自己开设的汽车博物馆里收藏了200多辆各国老式名车，SH老爷车博物馆在四川属于四大民间博物馆之一。

老板的成长之路也非常传奇，20多年前就很有眼光，看上机场附近的地，就是SH集团现在的经营所在地。当时每亩（1亩=0.0667公顷）只要不到20万元，今天一亩地已达到800万元。

老板也是草根出生，从修车个体户开始做起，坚持做汽车生意，做到今天的规模非常不容易。

四川SH集团能成功，有4个原因：

第一，老板有眼光。成功的老板都有常人不具备的独到眼光。

当年老板买地的时候，很多朋友根本看不懂。20年前，SH总部所在地都是农田，距离成都市区还远，老板却毅然决定买下土地，自建汽车4S店。SH豪车经销能赚钱，很大一部分原因是SH经营所需的物业大部分是自己的，其他汽车4S店都是租用的场地和物业，在租金和经营成本上很难自主决策。老板当年果断的决策，使SH今天经营成本比同行低，同样做汽车4S店，别人不赚钱，SH有钱赚。

第二，老板有底线意识，有判断和自控能力，知道什么事情可以干，什么事情坚决不碰。

很多老板都有不同寻常的商业眼光，但为什么最终没能做到善始善终？SH老板跟很多落马官员都有过交往，其中很多人曾向他推荐过项目，但他都婉言谢绝了，他跟对方说：“老大，我能力有限，这些事情我做不了。”自控力是SH老板跟其他同时代老板最大的区别。

一个细节是，老板爱车，更爱豪车，有两辆劳斯莱斯，但每年只有为数不多的几天用，平日里就用奥迪A8。富而不显，富而不狂，有这样的自控力很难得。

第三，对整个集团有很强的掌控能力。

我到SH总部已经快晚上6点，总部大楼里的几个门都被保安锁了，连集团负责财务的副总用门卡都打不开关闭的3楼大门，只能走楼梯。这就是SH内控细节的体现，说明这家企业内部讲规矩，讲制度，到了规定时间，公司所有的门都关上，保安执行，其他人无论职务和级别多高都没用。

通过这个细节，就能看出SH集团基层岗位内部执行力很强。企业执行力和内控的落实情况主要在基层体现，SH能做到现今的程度不容易。

财务总监说道：“SH集团盈利空间非常窄，现在做汽车经销赚钱越来越难，只有通过优化经营、加强管控、提高效率才能实现盈利。”

风险源于过度举债

重资产、高负债运营的企业比比皆是。很多企业在扩张过程中债台高筑，风险加倍。这就像股市中的配资，可以用，但是要考虑清楚后果。“高筑墙，广积粮”，这句话对国家、企业、个人，在任何时候都适用。

当下一些企业家的资产高达千万甚至上亿元，却连几十万元的现金都拿不出来。中国首富王健林的儿子王思聪，在2019年因为1.5亿元的欠款，先后两次被法院列为失信被执行人。当时很多人都很疑惑，王健林那么有钱，光是给王思聪的零花钱就有5亿元，如今却会因为1.5亿元的欠款，让儿子被列为失信被执行人，难道是王健林不愿意帮助王思聪吗？

这里，有两个问题需要说明。

第一，万达的钱不等于是王健林个人的钱。王健林是万达集团掌门人和实际控制人，但万达集团还有其他股东。从公司治理层面讲，王健林不能用万达的钱给自己的儿子买单，这不符合治理精神，这也是王健林的底线。在中国传统人情化的观念里，儿子欠了债，父亲帮忙还天经地义，但这不符合现代公司治理精神。能当首富的人一定有过人的财务思维，这也充分说明万达集团不是“家财务”，是公司财务。

第二，王健林可独立支配的私人现金并不多，有资产不等于有现金。名下有多少资产只是数字而已，并不代表真金白银。不光王健林，这也是绝大多数中国老板和中国家庭的现实财务状况。

有的老板身价不菲，但真到了需要钱的时候，一次拿几十万、几百万的现金并不容易。这个现象反映的是，过去20多年中国房地产以火箭般速度发展，中国人集体进入疯狂购置资产的赛道，公司资产和家庭资产飞速膨胀。现在北上广等一线城市，家庭资产千万级的都是“温饱”而已，上亿元才能实现财务自由。但真的让这些人拿出几十万元现金却并不容易，因为很多老板和家庭都是在负债经营，负债生活。

新冠肺炎疫情暴发后，中国家庭中两类家庭的财务状况最稳健。

首先是一、二线城市退休老年人家庭。他们有稳定的退休金，没有负债，有一定存款，家庭财务状况几乎不受疫情影响，可以享受衣食无忧的退休生活。

其次是四、五线城市里靠技能、手艺在本地赚钱的家庭。这类家庭的财务状况是有收入，无负债，有存款。我岳父就属于这个群体。他的主业是装修，木工技术在当地有一定口碑。疫情期间岳父跟我爱人说，你们要是缺钱，多了没有，拿10万、20万元的现金还是拿得出来的。岳父一直将钱存在银行里，什么理财产品都不碰，靠一技之长赚钱养家，过得安心踏实。

资产上亿元的富翁却是现金上的穷人。众多富豪表面上很风光，住大房子，开好车，奢侈品满身，实际上负债累累。

【案例解析】

老板王××是杭州萧山人，他的创业之路是先跟随老丈人做销售，随后自己单干办企业做老板。

他的企业主要从事彩钢加工，从钢厂购入卷板之后加工成各种彩钢产品，主要用作车库、商店的卷帘门。王总有4家工厂分布在萧山几个镇上，都从事跟彩钢有关的上下游业务。

2013年初到王总企业的时候，4家工厂加在一起年销售额有5亿多元。

主业由暴利到微利

从事彩钢生产曾经也有过辉煌的赚钱时代。按王总所讲，彩钢加工生意好的年代，加工1吨能赚上千元的净利润。当初创业是看重彩钢加工的高利润，没想到现在加工彩钢变成了微利，而且从暴利到微利只用了不到几年的时间，正是王总公司投资和资产扩张速度最快的几年。

王总公司在快速发展和资产扩张之中，经历了彩钢行业由暴利到微利的巨变，每吨利润经历了一次过山车般的起伏，更让王总感觉意外的是，彩钢加工自此之后一直都是微利行业。

王总的公司是众多中国中小民企制造业的缩影。

我有过10多年在欧美跨国企业工作的经历，服务过的企业都是行业中的国际一流公司，无论技术、品牌和管理实力都远远超过这些中小民企。我在跨国公司工作多年，都没有感觉到过做实体企业赚钱能有多暴利。

全世界做实体制造业的企业，盈利水平都处于相对比较低的水平，靠规模和有效的管控才能做到相对合理的利润水平，而且还是微利。

如果我们把跨国公司比作是研究生和博士生，很多中小民企估计连小学水平都达不到。如果低学历群体的赚钱能力整体大于高学历的群体，这是不符合经济常识和产业规律的。

回顾中国经济体量增长最快的近20年，2000年开始，中国工业化进程速度加快，城市化速度也在加快，各行业市场需求猛增，一些行业暴利赚钱的时代出现了，很多老板眼里看到的是“遍地是黄金”。同时，各路资本争相进入各领域，加速了大规模的投资和产能建设，行业整体生产能力迅速膨胀，开始出现产能过剩、市场竞争加剧、价格战等现象，各行业盈利发生了从暴利到微利的大逆转。

从时间节点分析，2000年到2008年金融危机爆发前这段时间，的确是做实体制造业最辉煌的高回报时期。

这个阶段对民企老板群体属于难得的大牛市。现在的民营“500强”实体企业中大部分都是在这一阶段完成了公司的资本积累，为后续做大规模奠定了资金实力。它们的资产规模和公司体量更是以几何倍的速度快速发展做大。2000年左右，中国民企排名最靠前的企业销售规模和资产规模在几十亿元左右，例如华为1999年的销售额是40多亿元。到了2008年，收入和资产规模千亿元以上的民企开始批量涌现。

中国工业化和城市化速度发展之快，放眼整个世界都属于前无古人后无来者，中国用了几十年的时间，就走完了别国几百年的工业化和城市化发展之路。

行业大势的变化、赚钱拐点的出现，让“王总”们陷入困惑和迷茫。

暴利时代是短暂的，暴利是非常态的，相对而言，微利才是常态化的。

王总公司的产品由暴利到微利时代只用了短短几年时间，正是中国经济产业变化大势的缩影。突然出现和发生的赚钱拐点来得太快了，让他们措手不及。行业进入微利时代，让他们不得不开始思考如何突围和寻找新的赚钱机会。

大笔举债投资地产

在同乡老板眼中，王总是他们中有想法的带头大哥，敢想，敢干，看准的事坚决出手。王总一直在筹划和思考更大胆、更新的投资。

王总把新的赚钱机会聚焦到了房地产领域。他之前没操盘过房地产项目，他的4家公司现金也不多，现有公司的房产和土地大多都已经抵押给了银行。而地产是资金密集型行业，玩的就是资金。

作为投资地产的初入者，王总考虑的是钱从哪里来。他通过朋友引荐新招了一位财务总监，专门负责公司资金事项。据说这位财务总监跟金融机构和担保公司关系密切，融资渠道多。

自此之后，王总将精力都放在融资和找地产投资项目上，公司主业主要靠4个公司的经理打理。

王总的融资模式是通过旗下4家公司形成一个相互担保的关系后，向金融机构申请贷款，同时通过4家公司进行贸易项下票据融资。

第一，担保融资。通过担保公司和小贷公司进行担保后，向金融机构申请贷款，贷款利息加担保费用远比正常贷款利率高。

第二，票据融资。通过王总旗下4家公司构成商品购销买卖关系，进行票据融资。票据融资也需要担保和抵押物，王总动用了一切融资手段加大融资力度。

过度融资是把双刃剑。用得好能推动企业快速发展，用得不好能让企业受伤，甚至一命呜呼。

我到了王总公司之后帮他算了一笔账，当时他的合计贷款总额达到4.5亿元，年利息成本高达近6000万元。而4家企业一年销售收入不到5亿元，加工毛利不到10%，企业一年的毛利润都不能覆盖贷款利息成本。

当时王总公司的利息成本平均每天接近18万元，每小时利息成本超过7000元。王总自嘲，睡一晚上觉，利息要多增加几万元，跟朋友吃顿饭两小时，利息成本多增加1万多元。

随着时间的推移，不断累积的利息成本成了王总心中最大的痛。王总本来计划以4家公司为资金池，给地产投资项目注资，通过地产项目的高回报把贷款还上，还能有可观的收益和回报。

但现实更残酷。王总投资的地产项目多是在四、五线城市，当年地产价格都很低，拿地的方式也多。

对于半路出家做地产的王总来讲，做地产的水远比做实业的深得多，做彩钢加工尽管利润薄、利润率低，但行业相对透明，只要管理到位、保证品质，还是能把控好利润的。

王总羡慕民企地产大老板们赚钱容易，也梦想有一天能成为新的王健林、许家印，哪怕做不到全国第一、全省第一，在县里或镇上当个身价不菲的地产老板也不错。但他投资的两个地产项目都开工不到一半就因后续资金不够或土地资质问题不能按期交付，一再延期，他的融资成本却在持续累加攀高，最终压垮了整个公司的资金链。

中国民企老板绝大多数跟王总一样，都是机会导向型，看到别人赚钱，看到新的投资机会，都想扑进去，根本就不理性思考自己是否具备相应的条件。过去20多年中，地产行业是有中国特色的“赚钱大哥”。后续想进入地产行业的各路老板们只看到今天地产大佬们的风光，却看不到地产江湖中大批的被淘汰者。我服务民企10多年以来，接触过的老板中做实业转投资地产或参与地产投资的有上百位，没有见过一位转型能成功的。

做地产赚钱的游戏规则远比做彩钢加工复杂得多。地产项目链条太长，外部不可控的因素太多了，身价不高、资源优势不够的草根老板们很难驾驭。

“净身出户”难再做起

我们用“三条线”，即经营线、风险线和能力线帮王总做分析，他的企业存在的问题和致命风险如下：

企业的风险线超过经营线，企业每年经营毛利都覆盖不了贷款成本，主业是微利，时间越长，两条线的距离会越远。

经营线超过能力线，企业经营扩大的过程中，人员还是原班人马，能力跟不上，效率提高不了，规模并没有转化为利润，能力线与经营线距离越来越远。

正常情况下，经营线与能力线平行且距离很近，能力线在经营线之上，这样企业经营才会更扎实，积累才会越多，家底也越丰厚。风险线在最底部，企业才会更稳健。

我跟王总讲，你的公司保不住了，把人保住是第一位的。

王总很感慨，说：“臧老师，我们要是早认识几年，企业一定不会是今天这样子！”

最终的结局是王总把4家工厂资产和土地厂房全部移交给了贷款抵押公司用于抵债，他个人“净身出户”。但担保公司要求他在公司守摊3年，保证公司日常业务正常。王总由老板变成了打工者，要为担保公司当好职业经理人。

风险源于多元投资

自20世纪90年代末开始，中国企业热衷于多元化经营，把多元化作为企业战略，力争做大资产规模，涉猎多个领域。

然而，很多企业在多元化发展的时候，考虑的根本不是自己适合什么，而是当下什么最赚钱，盲目跟风。殊不知，别人赚钱的项目，可能会成为你肩上的重担，连累原本的主业。所以，盲目多元化发展也是民营企业致死率高的原因之一。

中国企业做多元化经营存在三大短板。

短板一：时间短板。

欧美企业多元化之路从20世纪70年代开始，中国企业走多元化的时间节点跟互联网经济几乎是同步的。

短板二：战略短板。

“世界500强”欧美企业都是基于战略需要有序地进行多元化经营。这些企业多元化经营的价值主线非常清晰，就是单主业突出或多个强业务单元组合。中国企业仿佛是为了多元化而做多元化，最明显的是2015～2017年这3年，多家名企在海外疯狂“买买买”，收购的主线和目的根本不清晰。按理说，大笔资金的跨国收购都需要事前花大量的时间和精力，做好长期战略定位分析。

短板三：操作短板。

只会买，不会卖，只做“加法”，不做“减法”。卖比买更难。

真正的欧美多元化高手不但会买，更会卖。全球食品饮料巨头法国达能集团就是靠并购起家的。达能集团自诞生起就有并购基因，其出手收购标的企业时雷厉风行，2007年，收购荷兰奶企巨头NUMICO。但达能出售旗下品牌时更是坚决，2007年，达能出售达能饼干给美国卡夫集团，获取的出售资本收益溢价高达34亿欧元。

风险源于涉税

涉税风险是民企老板面临的最大风险。

【案例解析】

温州老板杜先生出生于20世纪70年代，创业近20年，公司上下都称他为“营销天才”。他的企业主要生产包装设备，属于装备制造企业，给国内大型饮料和食品企业提供包装设备。

2015年6月，我在温州第一次见杜总时，他跟我讲，同行有一家企业总部在杭州，2015年年初，已经在上交所上市了，两家企业是竞争对手关系。按杜总本人的话讲，他的公司在市场竞争上对杭州这家上市企业构成了很大的威胁，对方公司上市后弄到大笔资金，想收购杜总的公司。

杜总讲，如果他身体没问题，一定会扛着做大企业的这杆大旗继续冲锋。但现在的身体情况让他不得不为企业5

年、10年以后的发展做考虑。另外，杜总一双儿女年龄都不大，杜总也不想让孩子接班做企业。他这辈子做企业的苦，不想让孩子们再受。

但是当杭州的同行上市公司主动来找他们谈并购时，公司里上上下下的人对这方面都不懂，所以他想请我帮忙处理与企业并购有关的财务准备工作。

股权收购提上议程

我跟杜总讲："杭州的同行上市公司看重的是你的整个公司，公司到底值多少钱，你要有心理价位。"杜总这边需要对整个公司做财务评估，主要是全面评估公司盈利和资产状况。

通常，收购实体型制造企业都是按盈利倍数作为估值计算的，收购方向被收购方的股东出价10～15倍收购整个公司。如果杜总公司经过评估和审计的年净利润是2500万元，按15倍估值，整个公司就值3.75亿元。

杜总觉得，能有10倍以上的年收益作为出售价格，等于是一次性拿到10年以上的盈利，现金足有几亿元，这买卖值得做。

我跟杜总讲，中国民营企业家只有3种宿命：

第一种是做大做强、做精做优。它们都是各行业中的优秀企业，具备了相当强的综合能力和市场地位。这类企业大多能做得久，企业可以迭代发展，家族企业可以传承和延续。但总体讲，能进入这一集团的民企数量太少。

第二种是选择适当的时机把企业卖掉。企业今天能赚钱，不一定意味着今后能长期赚钱。选择在企业最好的状态时把企业卖掉，对企业家而言也是一种选择。不但能及早变现，也能让企业家有机会选择以其他的方式过以后的生活。

第三种是把企业当孩子生，当孩子养，永远不离不弃。最终绝大多数企业都会面临被市场淘汰或在经济调整的大势中被整合的结局。我在各地跟老板接触时，他们都会提到，很多他们认识的老板朋友以前有钱，现在都变得没钱了。

过去三四十年间，中国处于经济大牛市，民企老板们的赚钱机会太多。在民营经济最发达的珠三角和长三角，甚至一个村有多达几百位老板，一个镇有多达上千位老板，出现了“老板村”“老板镇”。

这种现象一定不是常态化的经济现象，民营企业一定会随着中国经济的结构性调整和向高质量发展，出现明显的分化和洗牌。

杜总很认可我的判断和推理。他说：“浙江这边的老板大多都是泥腿子出身，他们靠的是能吃苦、敢拼、敢干，大多数人对怎么做好企业一知半解。早年赚钱相对容易，企业里有没有管理都不影响赚钱，哪怕有浪费、‘跑冒滴漏’都没关系，老板还是能赚到钱。”

谈话中杜总也跟我讲到，他的企业是家族企业，杜总爱人在企业里负责财务和行政，在融资、管钱、管人上投入了很大的精力，对企业做出了巨大贡献。杜总爱人的哥哥和弟弟都在公司担任要职，大舅哥担任公司副总，小舅子负责采购。

我在跟非杜总家族成员的经理们对接和交流中得知，杜总生病住院期间，杜总大舅哥让杜总把公司全部交给自己来打理，他每年分给一定的利润给杜总，说白了，有了想乘人之危夺公司的动机。公司里其他高管也讲，如果能将公司整体出手，对杜总来说是最好的结果。

中小民企在发展过程中不单单是老板一个人在干，是老板带着一个家族或两个家族一起做企业。这种亲情纽带和家人们齐心合力的付出，推动了企业从创业到站稳脚跟再到具备一定的规模。但是人性中的弱点也会在企业达到一定规模之后开始显现。

评估发现重大隐患

杜总的企业在2013～2014年两年销售收入均超过2亿元，报税的利润指标年均1300万元左右，按公司财务经理提供的数据分析，公司年净利润在1000万元左右，这与杜总跟我讲的公司盈利能力出入非常大。如果按照2014年度公司汇算清缴的净利润来计算，杜总公司估值不到1亿元，而杜总的心理价位是至少5亿元，差距很大。

凭多年服务民企的经验，我断定，杜总还有一本账。

杜总这家企业属于B2B制造企业，销售客户都是大企业。我推断，企业在销售环节想截留收入、不开发票的可能性几乎不大，毕竟大企业客户对合同、发票、付款内控很严，跟大企业做业务想不开发票、私户走账，几乎行不通。

把杜总公司2013～2014年两年的销售合同执行情况及票流、资金流、物流做了详细分析后，验证了我的判断，杜总公司在销售端，财税基本上合规。

杜总公司账面反映的年采购额不低于1.5亿元，全年采购单品金额在500万元以上的大项采购主要有3项：不锈钢、电机和自动机械手。其中电机的供应商是德国SEW公司，自动机械手供应商是德国KUKA公司。这两家都是德国跨国企业，在供货上对合同、发票、单据的管控非常严格和精细，杜总公司想通过德国供应商多开发票转移利润的可能性几乎为零。

我把注意力放到采购的大宗商品不锈钢上。数据显示，杜总公司2013～2014年两年不锈钢采购金额都超过了7000万元，几乎占了全部采购额的近50%，很出乎我的意料。我到公司车间观察了设备发货前的组件构成和材料构成，跟车间师傅聊天，询问了一台设备所需的不锈钢用量，进一步确认了我的判断。

通过对2013～2014年两年不锈钢采购做“三流”分析后我发现，杜总公司涉嫌重大采购发票的不合规。

杜总也向我坦白，他之前根本没有想过要出售公司，所以多年以来一直都是通过让部分供应商多开采购发票的方式，把钱从公司里倒出去后再转到个人私户名下。

跟杜总接触中，我发现他喜欢收藏文物，董事长办公室里文物数量相当可观。他说："最近这些年每年投资文物收藏的钱都超过了千万。"同时，杜总在外面还有其他的投资。由此可见，杜总个人实际的收入跟财务报表反映的收入相差很大！

基于这种情况，我对杜总直言："你的企业被成功收购的可能性几乎为零。"意向收购方是一家上市公司，一定会派审计师到企业做详细的尽职调查，重点一定会放在重大业务事项的财税合规审计上。这么高金额的采购增值税项目虚开，一定会让收购者放弃收购。对这家刚上市的公司来讲，收购了杜总公司之后如果被发现子公司涉嫌虚开增值税发票，轻则会影响股价，重则会影响再融资资格。所以这家上市公司必然不敢冒险收购杜总的公司。

一时贪念，因小失大

杜总也讲到，周边的企业都是这么干的。老板们平日里聚到一起，会分享各自的"节税经验"。通过供应商端业务多开发票走账再转私户的方式被周边的老板们津津乐道，觉得只要没人举报就不会出大事。

公司短期内无法通过整体股权转让的方式套现，让杜总本人深刻反思。他后来说道："通过这种方式看似每年能赚到钱，感觉挺爽，实际上等于给自己的企业挖了个深坑，断了企业能赚大钱的机会，捡了芝麻丢了西瓜，真的是得不偿失。"

杜总认识到，正是自己的短视导致收购无果，几亿元现金落袋的美梦成为泡影。

买卖发票警钟长鸣

跟杜总有一样想法并采取了同样做法的企业有很多。

2015年6月，天津的一位企业家朋友给我打电话说，他朋友在天津西青某开发区有工厂专做不锈钢批发和初级加工，突然遭到天津西青区国税局稽查，想请我出面帮这家企业做涉税危机公关处理。我回复说，我需要时间评估这家企业能否做涉税危机后续管理的财税咨询。

经过不到半天的时间，我了解到，天津西青这家企业是被公司离职的出纳实名举报的。国税局稽查人员立刻到这家企业拿走了服务器，经过数据分析发现该企业近5年购销环节存在重大增值税涉案嫌疑，涉及税款金额高达8000万元。

西青区国税局正式立案调查了这家企业，主要涉税问题是近5年采购和销售不锈钢原料都是采用无票的方式进行的。不带票采购能节省几个点的税，采购价格相对低；不带票销售能降低几个点的销售价格，多卖货。

最后的结局是，这家企业的老板因为增值税逃税被处巨额罚款。

这位老板属于典型的税盲。涉税问题出事只是时间问题，离职的出纳实名举报这家企业，只是加速了涉税问题爆发的时间。

该案例给老板们三大警示。

第一，买卖发票是底线更是红线，千万不能踩！购销业务都不带票，积累的时间越长，付出的代价越大，“一夜回到解放前”的例子比比皆是。

第二，出现内部人举报，尤其是公司财务人实名举报的，多半是企业老板操守和底线意识有问题，结局是老板和财务“双输”。

第三，税局今天查账多以数据端作为突破口，现在规模在5000万元以上的企业基本都使用各类ERP软件。软件给日常公司运营带来方便的同时，也起到了监督的作用，企业有重大涉税问题，被查后只能被“一锅端”。

金三大数据系统上线后，国内破获的增值税发票大案出现了井喷。

老板财税知识

金三大数据税控系统：撒网、摸底、收网。

老板们切记：买卖增值税发票是高压线，千万不能碰！

08
规　律

2020年，注定是人类历史上不寻常的一年。

这一年我从事财务咨询和讲师行业满10年。这10年中每年我都有300多天在各地奔波，不是在客户现场解决问题，就是在给企业培训，累计服务企业达102家。所以，我很难有充裕的时间进行系统性反思，总结企业问题，尤其是在方法论和逻辑层面，没有找到企业财务的本质和根本性破解方法。

新冠肺炎疫情暴发期间，我人在家中，心系客户，一直关注着这100多家服务过的企业的命运。通过微信、视频、电话等方式，我跟这些企业老总、财务总监、公司管理层都有过深度沟通。通过深入分析这100多家企业在疫情中的表现，我总结出3类企业及对应的3种结局：

第一类企业：活得会更好。

这类企业老板财务思维清晰，企业财务体系健全，财务指标健康，未来战略规划清晰，可以充分布局做长期经营战略规划。

第二类企业：活下来没问题，想活得更好有问题。

这类企业财务体系健全，但财务指标一般，领导者对未来战略规划不明确，没有太多的想法和布局。这类企业活下来没问题，但发展受限于老板财务格局和企业自身资源。

第三类企业：活下来都是问题。

这类企业财务体系不健全，财务指标恶化，内部管控体系建设滞后。财务咨询项目会实施，但老总的财务风格还是照旧。没发生危机时，这类企业还能凑合活着，一旦危机爆发，它们的财务短板会立刻暴露，对企业造成致命打击。

为什么咨询客户的差别如此之大呢？

导入新的财务工具和财务技术并不难，难的是老板们的财务习惯和财务风格发生改变。

财务顾问的角色比较特殊，相当于民企财税问题的治疗医生。我这些年为上百家民企做财务咨询，感受最深的就是，多数老板对解决企业问题没有紧迫感。现实中，很多老板都知道自己企业的问题，但真到了要彻底改变的时候，他们却开始退缩犹豫，被各种内部因素左右。

这些老板花了大价钱请外部顾问来公司推动内部管理，但其骨子里还是想用自己的意愿指挥外部专家做事。有些外部顾问投其所好，最终的结果是钱花了、时间和精力投入了，却徒劳无功。

疫情下，老板们为了求生，必须大刀阔斧、杀伐果断，之前犹豫的不再犹豫，之前难割舍的彻底砍掉，之前难调整的坚决调整。

老板财务“道”与“术”

根据《道德经》中的说法，万物都由道而产生，万物消亡都复归于道。

一切财务结果都在财务规律以内。老板财务是门“心学”，企业如人，每家民企都带有老板性格的烙印。改变一家民企的财务技术并不难，但让老板财务风格发生转变，注定十分艰难。财务的“道”出了问题，根本就不是靠“术”能解决的。何为财务的“道”与“术”？详见图8-1。

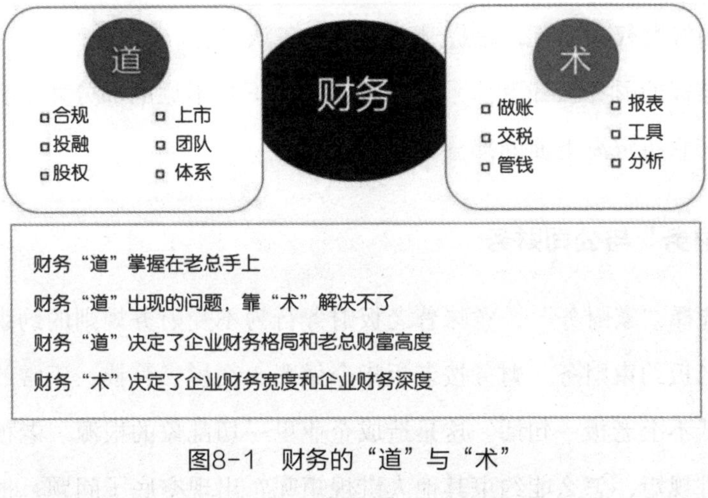

图8-1 财务的“道”与“术”

老板财务的“道”主要跟重大财务决策有关：

第一，合规：财税是否合规，有无合规计划和实施时间。

第二，投融：有无投融计划，有无跟投融资匹配的财务计划。

第三，团队：有无成立财务团队的计划，财务负责人胜任能力如何。

第四，体系：有无财务管控体系，何时构建财务体系。

第五，股权：是否实施股权激励，如何实施股权激励。

第六，上市：有无上市计划，是否具备上市条件。

民企重大财务决策权掌握在老板手里，怎么用好财权，才是决定老板家底、身价、财富的关键。

老板财务认知

用好财权的关键，是提升老板的财务认知力。

老板的财务认知就像一座冰山，海面下看不见的部分才是真正的根基，它决定海上面的部分有多高。

“家财务”与公司财务

选择“家财务”，意味着老板财务行为不受财务规则的约束，反而是老板约束财务。财务按老板指令做账、交税、管钱，正常的财务规则抵不上老板一句话。这是造成企业里一切乱象的根源。老板自己就不讲规矩，怎么能约束其他人讲规矩呢？出现空底子问题，根本就不能靠时间或规模增长解决，根源在于老板财务认知存在缺陷。

选择公司财务，就意味着老板受公司财务制度的约束。

小财务与大财务

目前大量民企老板对财务的认知停留在“小财务”层面，主要围绕“账、钱、税”，财务根本不涉足业务，更不涉及企业战略决策。财务与业务脱节，业务活动不受控。在红利期，企业利润厚，业务量足，即便有部分浪费和“跑冒滴漏”，老板还能赚到钱。

但是财务不通、财务偏弱，企业就无法捏合成一个整体：老板无法预知可能出现的风险，甚至出现决策和管理上的误判，导致企业发展受阻，业绩始终徘徊在低水平线上无法突破，只能将就活着；企业上下身心疲惫，毫无生气；与此同时，各种风险隐患也不断聚集和发酵。一旦外部出现突发的重大经济变故，这类企业会率先被洗牌。

如果通过财务全面诊断企业暴露出的各种问题，并且企业上下高度重视，下决心去解决这些问题，长期坚持下来，企业的整合能力、团队的协作能力、企业驾驭风险的能力会越来越强，家底会越做越实，企业价值也会越发凸显。

企业里三大体系分别是前台的经营体系、后台的管理体系、中台的财务体系。财务衔接前台和后台，“业、财、人、数”形成完整的管理闭环体系（见图8-2）。

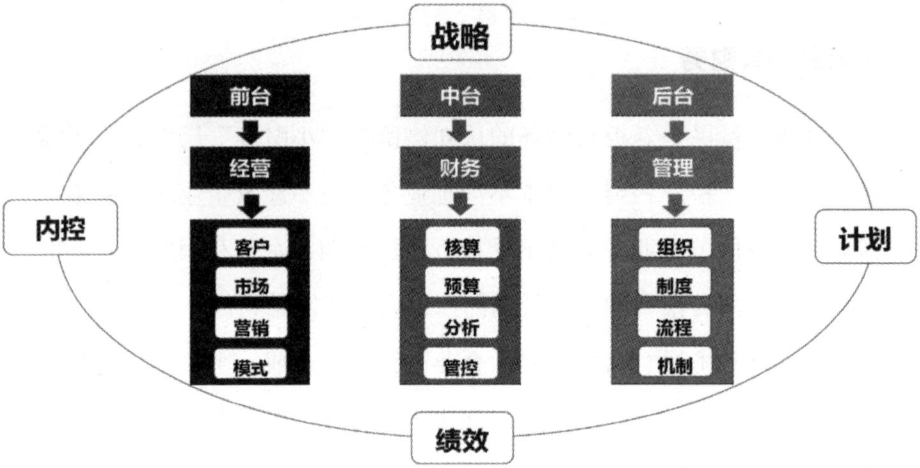

图8-2　大财务体系架构

一个良好的大财务体系应该具备以下特点：

（1）核算准确：账是一切管理问题的基础，也是评判企业管理问题、经营问题、组织问题的标尺。账失真、账不准，会导致简单问题复杂化，极大消耗公司内部时间。核算准确需要健全的内部体系，制度、流程、表单、统计等各环节都要健全。

（2）预算全面：预算是战略落地实施的重要手段。企业预算的编制最终以财务口径为准，所有业务计划用财务指标做量化，汇集成公司财务预算，自上而下形成“目标一致、责权一致、行动一致、过程可控、结果可期”，让整个公司从战略到执行能对比预算与实际，发现预算的执行顺利与否，总结出预算偏离的原因，从而能合理地做调整，合理地做改进。

（3）诊断恰当：财务分析是站在决策层、管理层、经营层高度，系统诊断财务结果暴露出的各种问题，聚焦核心风险点，引起企业决策层、管理层重视，围绕财务暴露出的问题做内部优化、管理优化、经营优化、决策优化，驱动企业价值的实现。

（4）管控到位：财务管控需要财务融入业务，不是事后的结果管控。财务管控的重点是事前管控和事中管控。事前管控如合同审核，财务需要积极参与企业重大合同条款审核，尤其是针对收付款、控制权转移、涉税条款的审核，以把涉税风险、资金风险控制在可控范围之内。

驾驭财富的关键

老板与财富的关系会经历3个阶段：创造财富、拥有财富、驾驭财富。

创业难、赚钱难、守业难，守住财富更是难上加难。

驾驭财富阶段最容易出变故。很多老板都是在拥有了一定财富后出现致命财务问题，轻则财富被清零，重则背负巨额债务，由富翁变成“负翁”，更有甚者锒铛入狱，生不如死。

正所谓大财需有道，守住财务纪律是守富的关键。

【案例解析】

梁总是浙江宁波人，他父亲是“创一代”，做企业有30多年了，属于宁波第一代做企业的。这家企业从宁波起步，10多年前到上海发展，目前已经具备了“实业+资产”的盈利模式，成为一家在宁波外迁企业中很有影响力的企业。该企业有三大盈利来源：

实业收益：预计年净利润能达到1亿元。

资产收益：在上海和宁波各有几百亩工业土地和厂房，年租金收入超过1亿元。10多年以前在上海周边买的土地，现在每亩地和建筑物年租金超过30万元，按每亩土地和土建的投资，3年就能收回全面投资。优质资产收益属于躺着赚钱。

海外收益：在菲律宾投资建厂，投资额3亿多元，预计8个月能收回投资，2年能获利超过总投资的2倍。

财务顾问走进该企业后发现，企业内部有严格的财务纪律潜移默化地影响企业决策人的各种财税行为。他们知道什么事情能做，什么事情坚决不能碰，看似会失去一些赚快钱的机会，但能始终把握财富大方向。

梁总大学学的是财务专业，毕业后在宁波工商银行工作了5年，然后到父亲的企业做“创二代”。他的父亲和几个兄弟都非常注重经营企业过程中对财务风险的把控，家族严格遵守四大财务纪律：

第一，坚决不碰互保、联保。无论是领导介绍、朋友介绍还是生意伙伴介绍，谁介绍都没用，坚决不能联保、互保。避免了很多本地企业因联保、互保受牵连引发的财务风险和危机。

第二，坚决聚焦主业，不碰不熟悉的行业。多年前有人向他们介绍地产投资项目，老董事长态度非常坚决，不碰住宅类房地产投资项目。

第三，实业利润全部投资到工业地产。企业25年前就开始在上海松江购置工业用地，建设工业厂房，做工业地产的投资，多年积累下来收益非常稳健。目前在上海和宁波两地各有300多亩工业土地和厂房，年租金非常可观。2011年宁波有两家企业陷入资金困境，他们企业出手买下，代价不太大，经过资金注入和改造升级后，现在每年的工业地产收益非常可观。

第四，控制负债规模，不轻易向银行贷款。2008～2009年，银行信贷大放水，多家银行争相给梁总家族公司提供授信和贷款，梁总权衡了利弊后，坚决不多贷款。

整个企业家底很厚实，不是靠贷款把规模做大的，而是靠实打实的收益一步一步积累起来的。经过30多年的积累，该企业已经形成“实业+资产”双轮驱动的盈利模式。目前，该企业开始进入资本投资领域，聚焦优质业绩的商业银行股权，按净资产7～8折的价格收购部分股权。

梁总家族并不盲目投入，更不盲目借贷，谨慎的财务纪律可能会让他们错失一些赚钱机会，但避免了更大的风险和损失。梁总家族基于长线思维做实家底，做实、做精现有的业务“主航道”，得以在经济调整、金融整顿、行业大洗牌后依然保有雄厚的家底。今天企业两极分化非常明显，有财务纪律、尊重财务规律的老板和企业，会吸引更多的资金和资源。

老板财务误区

老板在财务问题上容易存在4个误区。

误区1：资产规模大，实力一定强。

需要明确的是，资产不等于实力，也不代表价值。资产有两面性，既可以是企业实力的象征，也可能成为企业负担。如果资产变现能力弱、周转慢、盈利性差，资产规模越重，企业生存压力越大，风险反而越大。

过去的20年，是中国企业资产扩张速度最快的20年。20年前，民企总资产超过几十亿元的都是行业中的翘楚，而当前资产规模超过千亿甚至几千亿元的民企为数不少。

很多民企走上了重资产发展模式，靠大量外部借贷支撑重资产不断扩张，不断做大资产规模。这些高负债、重资产的企业，命运早就已经不掌握在自己手里了。

资产规模大的民企，最容易受金融政策、产业政策调整带来的诸多外部不利因素的影响。近些年，多家重资产、低技术含量的民企陆续暴雷或出现重大财务危机。

老板更应该关注企业的核心资产。核心资产代表企业的核心实力、核心竞争力。核心资产不是买来的，而是经过长期投入转化为核心生产力的资产，例如核心技术、知名品牌、核心体系、核心团队、核心产品和核心模式等。

未来，企业间竞争比拼的重心不再是资产规模，而是资产的含金量和竞争力。

误区2：资产规模大，家底一定厚。

资产规模只是表象，财务资产负债表反映的资产数据有局限性，也跟财务核算风格有关。资产中如果存在“乱、空、虚、险”四大痛点，这些不良资产会严重影响企业家底。资产规模越大，家底痛点越多，企业风险就越大。

误区3：收入规模大，利润一定高。

收入是“面子”，利润是“里子”。老板需要关注的问题是：企业是在赚钱过日子，“烧钱”过日子，还是借钱过日子？利润增长跟收入增长同步吗？

收入规模大，背后需要的投入会更多，内部管理会更复杂，内外部沟通会更频繁，对整个企业管控能力要求更高。如果只是一味做大销售规模，企业能力没有同步上涨，过度营销、盲目投入、做大规模的弊端早晚会暴露。

现实中，相当多的民企增量不增利，收入规模大了，利润反而下降。企业的利润必须在自身能力范围之内，超过企业自身能力的收入反而会成为负担。

如果利润增长跟收入同步甚至超过收入，说明企业盈利质量良好。如果结果相反，必须引起老板高度重视，精细化分析收入结构、客户结构、单品盈利能力、客户盈利能力、销售员业绩，淘汰低效产品、低效客户、低效销售员，聚焦核心产品、核心收入、核心客户，做实核心业务“主航道”，这样，利润业绩一定会增长。

误区4：融资渠道多，日子一定好。

过去20年是水大鱼大的时代，也是资金大放水的时代，巨量货币资金流向各类企业。融资容易了，钱多了，让很多企业老板感觉日子很好过。

融资来的钱，让很多老板心态开始膨胀。之前受限于资金规模，很多大项目不敢干，钱到位了之后，他们可以甩开膀子放手去干了。

但借钱是需要还的。各种信贷政策、金融政策调控，民企都是被调整的对象，靠借款过日子的企业，命运已经不掌握在老板自己手里了。

老板对融钱和花钱节奏的把控，是他们心态和人性的彰显。

万科创始人王石先生讲过："市场是很公平的，你投机赚的钱，它一定会让你还回去。你培养了投机的队伍，遇到不投机的市场就不会做了。缺钱对民营企业并非坏事，因为资金有限，不允许你盲目投资，不允许你犯大错误。如果你的战略目标不清晰，又没有管控能力，钱多了反而是坏事。我常对那些为缺钱而发愁的老板说，恭喜你呀！你犯不了大错误。"

老板财税知识

在花钱和用钱上有节制、能自控、有取舍，戒贪、戒奢，是非常难的财富修行，多数老板可能都做不到。

老板财务规律

民企老板需要遵循以下四大财务规律。

规律1：现金比利润重要

利润是肌肉，现金是血液。企业财务出现问题，都跟现金流短路、资金流断裂有关。

现金流由“造血能力”“输血能力”和“供血能力”组成。长期经营亏损的企业容易出现造血能力缺失的情况，会处在贫血状态。

传统商业模式是“资产—利润—现金”。

这种模式下，企业前期大量投入固定资产，再通过经营产品和服务获得利润，最后实现很少的现金流收入。固定资产占用了大量资金，企业实现的现金流和投入的巨额资金完全不匹配。这种情况下，企业赚的根本就不是真金白银，而是一堆拿不走的资产、存货和账面的应收款而已。企业固定资产严重过剩，变现能力极差。

新兴商业模式是“现金—利润—资产”。这种创新型商业模式的逻辑基于现金流，没有利润没关系，只要现金流充裕，该商业模式就有价值。

在充分实现现金流的情况下，再设计利润模式，最后匹配跟新模式有关的资产配置。根本不需要拥有资产，只需要能使用和整合匹配现金流的资本即可。

新商业模式对标的是价值，而不是传统财务指标利润。

规律2：里子比面子重要

老板做决策，应该更看重里子。里子对企业和老板而言，比面子更重要。老板关注点不同，结果一定不一样（见表8-1）。

表8-1 老板决策是选择面子还是里子

决策：关注“面子”	决策：关注“里子”
● 借钱拿地，盖厂房，很气派，有面子。 ● 关注拿地价格、资产规模、资产权属。	● 关注投入产出，更关注投资回报。 ● 关注现金流，更关注负债和风险。
老板决策时更关注面子，买地，盖大楼，在同行、客户、政府面前觉得有面子。	老板决策时更关注投资回报，更看重里子，力争用少的投资获取最大的回报。以少投钱、少借贷，防控风险为主。

【案例解析】

浙江义乌刘总公司新建的厂房预计能新增销售收入2亿元，息税前利润是2000万元，需要测算两种不同的投资回报。目前全国各地开发区和高新区闲置的厂房很多，晚上8点多到各地厂区走走看看，你会发现两班、多班生产的景象不多，多数企业经营状况并不火热，空闲的现建厂房数量不少，租用成规模厂房并不是很困难的事。

表8-2是从财务角度计算的两种方案的投资回报率。A方案贷款购买土地，年投资收益率是20.3%，一次性投资需要6000万元，资金全部采用借贷方式；B方案租赁厂房，年投资500万元房租，投资回报率是300%。

表8-2 两种投资选择下投资回报率差异

A方案：贷款买地建厂房	B方案：租赁厂房
买50亩地、贷款6000万元、建设4万平方米的厂房、仓库和办公楼。	租用4万平方米的厂房和办公楼，年租金500万元，对方可以开6%的增值税发票。
投资回报率（单位：元） -息税前利润 2500万 -减：折旧 300万 （20年6000万元） -减：利息 480万 （6000×8%年息） -减：土地使用费 40万 （每平方米11元） -税前利润 1620万 -减：所得税 405万（25%） -净利润 1215万	投资回报率（单位：元） -息税前利润 2500万 -减：年租金 500万 -加：进项增值税 30万 -税前利润 2030万 -减：所得税 507.5万 -净利润 1522.5万
投资回报率 =1215/6000×100%=20.3%	投资回报率 =1522.5/500×100%=300%

总结：选择A方案，刘总投资新厂区，干5年等于是给银行打工。选择B方案，5年累计的家底能支付购置全新厂区的投入成本，几乎不增加债务，风险很低。

规律3：风险比规模重要

财务风险跟企业盲目追求规模有关。一味地盲目扩张，人多了，负担重，内耗加重，效率低，负债多，利润薄，风险反而增大。ofo、摩拜这些公司出问题，主因不在商业模式，而是公司综合管控能力滞后。公司规模做得越大，出现致命问题的概率越大。

企业上市也可能会放大财务风险。老板们对上市的认知并不全面，上市就像一枚硬币的正反两面，正面是能给企业和老板个人带来财富和高光时刻，背面是遇到的各种诱惑和需要做出的调整，其中的风险往往超出了老板的认知和防控范围。

2019年年底，我给无锡一家中小板上市企业做财务管控内训。该公司2010年在中小板上市后，靠外延式并购迅猛发展，规模增长呈现几何级，但管控能力落后于公司发展规模。2018年和2019年，公司出现连续巨亏，深陷粗放式发展陷阱。

上市不是灵丹妙药。如果上市后老板没有转变观念，不以价值为导向，而是以规模为导向，会对公司价值造成更为致命的打击。

规律4：合规比赚钱重要

合法缴纳财税的企业才是最安全的。靠赚取不合理的税钱发家致富，是给自己和企业埋雷。即便企业赚再多的钱，都是帮国家存钱。

随着现代科技的发展，金融监管日益完善，“金税三期”“金税四期”随时监控着每一个企业。老板不但要做到自己的企业合法纳税，合作的企业也要合法纳税，否则会有殃及池鱼的可能。

老板不懂财税，不懂合理节税，就很容易亏钱。合理节税的方法有多种：合同节税、残疾人节税、弹性节税、公司拆分、转移、重组、借力、组合等。

老板自己要懂财税，并要让高管们参与合理的节税运作。因此，财税法其实是企业里人人都需要懂的生存基本知识，而且懂得越早越好。

案例分享：健全财务体系对稳定创业核心团队很关键

案例背景

王总是山西忻州人，父母都是当地农民。2000年，王总大专毕业，在总部设于北京的一家消防设备公司从事销售工作。2001年，公司把他派到甘肃兰州做销售代表，他人很勤奋，脑子灵活，再加上肯拼肯吃苦，很快在公司里崭露头角。2002年，他就做到公司销售业绩前三，年薪加销售提成已经超过20万元，相当于高薪销售经理的水平。

在兰州期间，他结识了他的老乡，在兰州大学读研究生的一位女生，后来这位女生成了王总的妻子。

2004年年初，公司把他派到了江苏无锡做销售经理，负责整个江苏的销售业务。他依靠超强的销售能力在经济大省江苏大显身手，2004年，荣获公司销售冠军，当年获得的奖金和提成等加在一起，超过了50万元。2005年年初，他在北京买了一套三室一厅的房子。在此期间，他的妻子考上了厦门大学生物系的博士。

按他后来所说，2005年和2006年，是他的事业高峰期，不到30岁年收入就有50万元以上，在北京有三室一厅的房子，又娶了一位博士老婆，是同事、家人和朋友眼里的成功者。

当时，在中国做销售员会遇到很多灰色地带，尤其是从事销售机电设备、工程承包的销售业务，没有桌子底下的红包、私人佣金和回扣，是很难拓展业务的。销售能力越强的销售员，拿的单子越多，涉及的佣金和回扣数额越大。

王总是公司里最优秀的销售员，拿单的金额一直排名靠前，他本人经手的项目佣金和回扣金额也很庞大。像销售消防机电设备，客户回扣不会低于5%，一笔1000万元的合同，客户回扣至少在50万元。王总本人一年经手的客户佣金、回扣和请客吃饭等娱乐费用，至少在300万元。

当时王总年轻气盛，他的想法很简单，就是多拿单子，赚钱。

但在一些格局不高、疑心重的老板看来，业务能力太强、收入太高的销售人员会对企业的业务安全造成一定的威胁，于是老板会打压业务能力强的销售人员，甚至找他们的麻烦。

王总很不幸地遇到了这种类型的老板。

公司老板在王总经手的客户佣金和回扣上大做文章，质疑他侵吞客户佣金和回扣且数额巨大，威胁要将他“送进去”。此时王总陷入了人生最大的低谷，他的事业面临痛苦的选择：是和老板死磕，还是东山再起？

2007年9月，王总把北京的房子卖了，又搭上200万元的现金作为“赔偿”，退出了公司。按他自己所说：“真是‘一夜回到解放前’，房子没了，全部积蓄没了，工作没了，北京也待不下去了！”对他的打击还不止这个，本来他妻子2007年博士毕业准备去北京当老师，因为此事不得不放弃这个机会。

但这次挫折也让他反思，并开始重视财务背后的风险。

王总经历打击后重新振作，他们转战到了无锡，开始了自主创业。2008年，王总在无锡注册成立了无锡RS消防设备有限公司，准备凭借自己的销售智慧和踏实的为人东山再起。

凭借多年来在消防设备领域里积累的销售经验和客户资源，RS公司很快实现了业绩突破。2009年，销售订单就突破了500万元，2010年，突破了1000万元，王总也在无锡安家落户。

创业的前4年里，王总全身心地投入到公司业务和方方面面的事务中，接洽客户、谈判、拿订单、采购配件、组织发货和安装的同时，他还身兼企业的出纳和会计。他把整个公司的合同管理抓了起来，在电脑里设计了包含公司全部合同信息的excel文件，将合同额、收款、欠款、开票和发货等信息全部掌握在自己手里。

与国内绝大多数创业型民企一样，在创业早期，公司里有没有账对老板来讲无关紧要。公司业务不多，一出一入全部在老板控制范围之内，找代理记账公司一个月花几百元钱，账的问题就搞定了。税务局也几乎“光顾”不到这类小企业。

于是公司创立初期的几年，王总的公司处于“家财务”1.0阶段，老板=销售+出纳。

利益分配问题凸显

王总用了不到3年的时间就在行业里崭露头角，虽说累一些，但能把控整个公司，老板个人的收益也不差。他在思考，是继续像现在一样靠自己单枪匹马地管理企业，还是引入高手把公司做大。他开始把目光放在远处，成功吸纳了国内消防装备行业龙头武汉KDLA公司的两位销售高手加入公司。

武汉KDLA是行业里的龙头企业，出售给武汉CB集团后，新股东几乎不懂消防行业，但对整个财务把控得很严，对员工的奖励和福利不升反降，导致销售骨干萌生出走的念头。王总恰恰抓住了这一时机，向两位销售高手黄和刘发起了主动邀约，他俩的销售订单加在一起，最多时能占到KDLA的一半。

B2B类企业里销售高手的定律是2：8，即占销售人数不到20%的销售高手能拿到全部公司订单的80%。对于一家刚起步的消防设备公司来讲，能引入几位行业内顶尖的销售高手加入，是幸运也是风险。因为大多数销售高手都是逐利型，跟他们谈远景和目标都是虚的，一年能拿多少现金才是关键。王总之前的职业经历让他比谁都清楚，请来销售高手容易，平衡好利益关系才是关键。

在民企里做销售出身的选择自己创业做老板的居多，归根结底是利益分配问题导致销售能力强的销售高手感觉出头无望，决定不再跟随公司的老板，而是出来自己单干。问题的根源在于老板的财务格局太小，“家财务”思维作怪。老板把公司财务视为私有财产，非家族、非嫡系的人不能靠近，不愿意与骨干、销售高手们分享公司的成长价值，最终财聚人散，骨干离开，企业越做越难。

财务规划要点

在王总新公司事业发展的关键时刻，他通过朋友认识了我，并邀请我给公司做财务顾问。我向王总提供了具体的财务解决方案：

（1）做好公司5年财务规划

大多数中小民企老板没有做财务规划的意识，在很多老板意识里，财务就是管记账、交税的。其实财务规划做得好不好，对企业短期或许没有多大影响，但对企业中期和长期的影响是致命的。我给公司制订的财务规划主要有4个要点（见图8-3）。

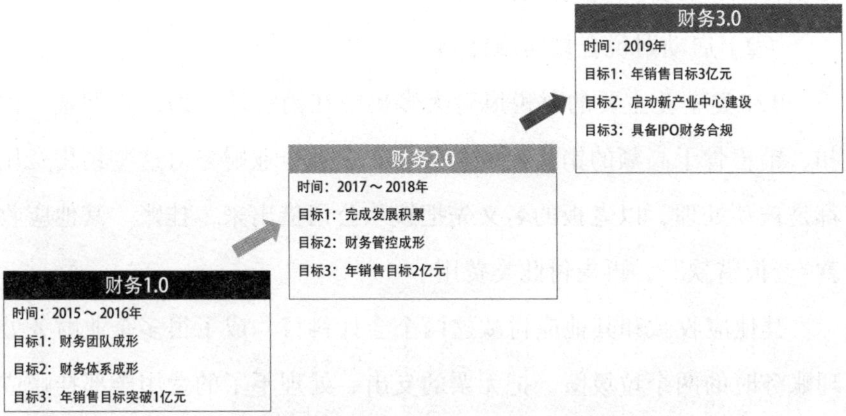

图8-3 无锡RS公司5年财务规划

第一，财务迭代。

刚刚起步的企业，做财务规划必须要有“财务迭代”的概念，即“财务1.0、财务2.0、财务3.0”不同财务阶段目标，提前规划3～5年后财务重大决策和事项。

第二，重大节点。

提前定义和规划每个阶段重大财务节点，例如：1.0阶段的节点是主体合规，销售端业务做切割。到了3.0阶段，公司财务合规性具备上市前财务合规条件。

第三，实施条件。

即每个阶段实施需要具备的业务条件、资源条件和人员条件。

第四，目标远景。

创业初期，企业走一步看一步，没有财务规划的概念和意识。2015年年初，在我的指导下，王总筹划了整个公司5年财务规划，每年做什么，有哪些重大财务节点，事先有了预案。

（2）启动财税合规实施计划

B2B类企业主要的财税风险大多集中在销售端，即销售佣金、回扣、销售骨干高额的销售提成和奖金。多数企业财务对这些销售费用都是被动处理，以老板的名义先把钱从公司借出来，挂账“其他应收款–老板借款”，再支付此类费用。

其他应收款和其他应付款这两个会计科目，成了很多企业财务处理账务时的两个垃圾筐。把无票的支出、处理不了的费用全部挂账成老板个人借款，弊端和隐患非常大。再加上民企财务人员变动比较大，新人不管旧账的现象十分普遍，经营时间越长的企业，其他应收和其他应付内容越复杂。

无锡RS公司想从根本上做好销售端财税合规，靠账务处理是行不通的。破局的方式是通过公司架构设计，剥离和切割销售端财税风险，保证主体公司财税的合规性。即采用“1+N”的公司架构，其中1是无锡RS主体公司，N是非法律关联的销售类公司。

（3）组建财务专业管理团队

作为消防行业领域初露锋芒的新锐公司，公司财务需要由核算型向管理型财务团队转型，选择合适的财务经理，做好财务部门组织规划，岗位设计至关重要。

我直接参与了多位财务经理候选人的面试，最终选定了一位来自无锡某集团从业15年的财务主管。2019年6月，无锡RS启动了IPO准备工作，该财务经理已经升任公司财务总监。

在财务顾问团队的协助下，公司的财务负责人对整个财务体系按上市公司财务体系标准进行了规划和搭建，主要内容如下：

第一：财务部分工。

按管理型财务组织架构设计财务岗位，并组织财务人员，分为核算岗位、成本岗位、分析岗位、资金岗位、税务岗位和预算岗位。

财务岗位职责分工为：财务总监负责制，财务总监抓总，每个财务岗位有具体工作内容，工作汇报关系、审核关系清晰明确。

清晰制定财务部每个岗位的工作流程、岗位间的工作关系。财务部要跟各部门对接事项流程和明细；定期给财务人员做专业培训和能力提升，提高财务效率，改善财务核算质量。

第二：财务管控体系。

财务部有专岗负责资金管理，如资金预测、资金授权、资金审批、外部往来资金审核和应收款项监控，做好企业动态现金流测算，保障企业在快速发展中资金链的安全，让资金高效运转。

企业自上而下落实成本责任，健全全业务链成本监控数据体，成本专员负责对成本发生现场的动态监督，财务牵头定期举报成本专题管理例会，汇报成本落实结果，分析成本动因，推动各业务部门落实成本管控责任。

先启动财务预算，再推动全公司启动全面预算。财务为全面预算做好准备工作，包括全面预算编制原则、业财预算口径、各部门所需预算报表格式和内容。从预算启动、指标分解、指标责任、预算执行，到预算评估，财务全程跟进和推动。

第三：管理报表体系。

包括销售业绩报表（按客户、销售员编制）、应收款跟踪和进度表、产品毛利和利润分析表、公司综合业绩分析表（投入、产出、回报、效率、趋势、风险）。根据企业实际管理需要，定义和设计各部门所需的管理报表，便于公司推动管理绩效精细化项目，推动企业管理层重视财务结果，注重效率，减少浪费，降本增效、提高业绩。

（4）制订公司骨干激励计划

对处于快速发展阶段的中小企业来说，人的因素最为关键，核心骨干的稳定性和工作欲望对企业发展至关重要。

王总打动黄、刘的秘诀是什么？

首先，王总向他们交底，告知公司大概能赚多少。这是王总很聪明的一点，既然把二人请来一起创业，就先把公司全年的盈利情况跟他们说明。这一主动交底的动作让他们感觉，跟王总合作是靠谱的、踏实的。

多数民企老板不按这一套路做，向核心下属隐瞒公司真实盈利，导致骨干心里不平衡。老板和骨干开始明里暗里博弈，最终骨干离开，企业经历人事和业务动荡。

其次，先把钱分好，再说销售任务。黄、刘二人按公司年销售额的2%拿提升，超过销售目标的部分，每人按3%拿提成，每月月薪1万元/人。例如：2013年年底确定2014年销售目标是5000万元（销售目标按实际收到的销售回款计算）。2014年，实际完成6540万元，二人应拿到手的钱是：5000×2%+（6540−5000）×3%+12=158.2万元。

最后，搭建和设立骨干持股平台公司。

采用“1+4”合伙人模式，王总和两位销售骨干及财务经理、产品经理出资设立有限合伙公司，后续还会吸纳更多骨干和核心员工加入，为几年后公司启动IPO做准备，让骨干跟公司一起分享成长价值和收益。

我帮王总公司起草了《员工股东股权合作协议》，明确了员工股东的进入条件、退出条件、对价金额、利益保障和争议机制。

2015年下半年，骨干持股平台公司成立，截至2018年年底，吸纳的核心骨干多达15人，人员稳定，公司业绩快速增长。

2018年10月，无锡RS公司新总部基地接近收尾，新的生产基地、研发中心、产品测试中心基本齐全。从创业到成为消防设备行业里的后起之秀，公司用了10年的时间。

看到无锡RS这些年的快速发展，我十分欣慰。该企业的老板是在正确的时间点做了正确的选择和决策，未来可期。

09

决策：财税顶层设计

过去40多年，中国经济一直处于高速发展阶段，这让很多老板养成了不按套路出牌、不按规律做企业的赚钱法则。当国家经济开始理性调控后，非常规赚钱、非理性决策的弊端正在显现，今天很多老板是在为过去的非理性决策还债。

老板的大财务观对财富和财运起到决定性作用。它能推动企业财务迭代，支持财务转型和升级，帮助老板参与财税顶层设计方案，具备与时俱进的财富价值观。

财务迭代

企业由小到大发展的过程中，财务需要不断升级迭代，匹配企业发展所需的财务能力。老板需要通过以下4个方面把握好财务方向，做好决策，推动财务迭代。

问题导向

通过复盘财务数据，洞察和发现企业存在的业务、管理、产品等各部门的各种问题。老板重视财务分析暴露出的各种企业内部问题，不回避、不推卸，有决心去直面这些问题，自上而下推动全公司不断解决问题。只要持之以恒，企业整体管理能力就一定会持续提升和改进，财务结果也一定会持续改善。

相反，很多出现空底子、业绩停滞、遇到瓶颈的企业，它们的共性都是老板轻视财务暴露出的公司问题，没有倒逼管理团队持续优化和解决这些内部问题，导致公司整体管控能力偏弱，整体盈利能力变弱，家底不实，公司利益受损。

目标导向

当企业形成一定业务规模，财务体系健全，具备一定财务基础和能力后，企业需要由业务驱动型向目标驱动型转型。企业战略目标和业务计划最终要统一到财务目标上，自上而下统一公司内部思想，规划好目标，匹配好责权利，上下共同发力，快速突破企业发展瓶颈。

财务体系构建需要匹配公司管控，财务部门应该参与公司目标设计、部门目标匹配，确定目标合理性，分配好财务资源，协助公司目标的规划、制定、分配、执行、管控和调整。

价值导向

老板布局和规划公司价值时，财务需要匹配、平衡好公司资源，为战略布局和规划做好财务支持。企业在商业模式创新、激励机制创新时，都需要财务站在公司战略高度帮公司规划好资源，提前预测可能出现的风险，为企业价值保驾护航。比如IPO就需要财务先行。

财务转型

企业财务转型升级离不开老板的支持，老板应领导整个公司自上而下全力以赴推进实施。财务由核算型向管控型、价值型做转型升级，需要“1+1+1”模型，即一位重视财务的老板，加一位有能力的财务总监，再加一整套能落地的财务体系方案。

财税顶层设计

感性是老板做生意的开始，理性是做任何生意的基础。做任何生意，感性不能超越理性，否则，老板一定会为过度感性买单。

要建立理性的财税思维，在合规、合法性的前提下经营企业。基于决策的财税顶层设计尤为重要。

财税顶层设计缺失的六大弊端

我在服务民企的过程中发现，民企出现突出财税问题，大多是缺乏财税顶层设计所致。绝大多数民企自创业起一直是摸着石头过河，走一步看一步，遇到问题再说的状态。老板缺乏对公司进行顶层设计的思路，当企业做到一定规模之后，才发现缺乏财税顶层设计给公司带来的诸多财税痛点，甚至导致企业出现财税硬伤。

财税顶层设计缺失给民企带来的六大弊端如下：

（1）财税风险难以切割

财税风险都是累积形成的，源头多是业务不合规所致。要利用业务分拆再组合的方式降低和弱化业务财税风险，需要在公司架构设计上做好顶层设计。如遇财税风险，宁伤一指，不伤十指。缺乏财税顶层设计的企业一旦出现财税问题，缺乏防火墙，无法对相关业务做独立切割，就会导致整个公司都面临巨大财税风险。做好顶层设计，分拆和组合好相对独立的业务，早做财税预案，合理规划税负和纳税行为，才能实现风险可控。

（2）资金通道难以打通

民企在发展过程中会逐渐多设公司，现实中一个老板有多家公司的现象非常普遍，这些公司之间如何打通资金通道，是核心财务问题。现实中，这些公司的资金往往是拆东墙、补西墙，公司间形成了资金往来账挂账，财务处理起来很头疼。每次在公开课上，都有学员问此类问题的处理方式。历史遗留的资金类财税问题不是靠做账就能解决的。这是公司间架构设计缺失所致，是在新设公司开展业务之前，缺乏各公司间资金规划，没有设计资金通道所致。

（3）管控体系难以落地

随着业务增长，企业人员越来越多，业务开始扩张，管控成了老板关注的首要问题，选择好适合的管控模式离不开好的公司架构设计。缺乏顶层设计会导致内部在“责权利”匹配和平衡上捉襟见肘，导致内耗加剧，管控低效。

（4）激励机制难以落地

缺乏财税顶层设计的激励模式都是基于短期利益。缺乏中长期规划会导致内部利益出现矛盾、激励机制停摆、人员内耗和公司动荡。基于企业战略规划设计激励机制，需要融入财税顶层设计，帮企业降低激励变现税负成本，夯实管理团队持股平台，制订好激励游戏规则，降低系统性风险。

（5）合作模式难以长久对外

很多企业的合作是基于老板之间的感情和感性，表面红红火火，背后暗潮汹涌，多年兄弟朋友因缺乏合作机制保障，导致不欢而散，甚至成为路人和陌生人。老板间的合作更需要“理性+感性”，理性是长期合作做事的基础，感性是建立商业关系认知的基础。

（6）财富扩张难以放大

厘清老板财富、家族财富与公司价值背后的逻辑关系至关重要。财富通道需要设计，控制权不旁落，财富才能像滚雪球一样逐渐累加放大。缺乏财税顶层设计，会导致老板在股权架构、持股方式上存在先天性缺陷，为后期股权释放、股权融资、上市、资本运作埋下隐患，从而导致创始股东产生矛盾，家族成员之间、重要合作伙伴之间产生利益纠纷，最终企业和老板利益严重受损。类似的案例层出不穷。

需要财税顶层设计的企业

遇到以下情况，企业需要做财税顶层设计。

（1）拥有多家经营主体的老板

这类老板创办的企业多是自然生长型，早期多家公司都是随机创立的，根本就没有考虑公司间关系如何搭建，控制权、持股方式如何设计，等规模体量大了之后发现弊端很多，需要重新进行公司顶层架构设计，以便于企业业务扩展和风险控制。

（2）正二次创业的民企老板

有过第一次创业经历的老板们，在启动二次创业的过程中，改变了之前先干后优化再完善的思路，先对公司未来进行商业设计，按新的商业规划，重新设计公司架构、股权架构、组织架构。老板通过财税技术全面复盘公司新架构的合规性、合理性，先设计好公司蓝图再发力，全部想通透之后再实施行业行动，成功率提高，试错率降低，合规意识和风险意识增强。

（3）启动股权激励和IPO

民企启动股权激励、IPO的热情很高，但这需要企业提前做好股权架构、公司架构、激励机制、授权体系的全方位设计和布局，避免出现实际控制人控制权风险，以及股权间利益博弈导致老板切身利益遭受风险。

（4）整合资源，多人合伙共同创业

今天，新生代创业者很多，多位合伙人联合创业成为常态。新生代创业者知识结构更新，创业的起点更高，更理性，更讲商业游戏规则。他们更认同提前做好公司架构设计、股权设计，建立风险防火墙，定好内部游戏规则，这样，后续业务稳健后，企业规模会快速扩张。

（5）启动财富传承或接班人计划的老板

“50后”“60后”企业家们正面临企业传承，有找好接班人、计划交班的重任。

企业交班前，做好财税顶层设计关系到控制权安全和财富安全。

财税顶层设计的重要性

财税顶层设计给企业和老板带来的好处主要体现在4个方面：

（1）帮助老板掌握公司控制权

财税顶层设计有助于在启动IPO，股权激励、股权融资、合伙人合作，以及后续公司扩张、资本运作、市值管理的整个过程中，帮助老板牢牢掌握住公司的控制权，让财富安全有保障。

（2）防风险

如果企业财税风险集中在一家公司，老板的风险最大。财税风险一旦发生，公司里任何人都可以选择离职或退出，但老板是最后的守门员。

对公司业务做分拆、切割、转移、再组合，把风险转移、切割，形成保护核心业务和核心资产的防火墙，能使老板财税风险可控。

（3）降税负

企业整体税负降低不是靠做账，而是靠前端业务和公司架构的合理规划，通过财务部门业务优化和公司优化来实现的。最终要达到适用低税率、低税基的目的，实现合理节税，使老板利益得到保障。

（4）定机制

向核心管理团队授权，建立内部授权机制和内部激励机制前，需要从财税技术层面对与股权、分配、授权有关的环节进行复盘，明确哪些环节跟现行政策、法规相抵触，可能引发公司财税风险，并要有针对性地提前做规划，从而确保激励机制顺利实施，保障公司和老板的利益。

财税顶层设计基本思路和方法

财税顶层设计的基本模型见图9-1：

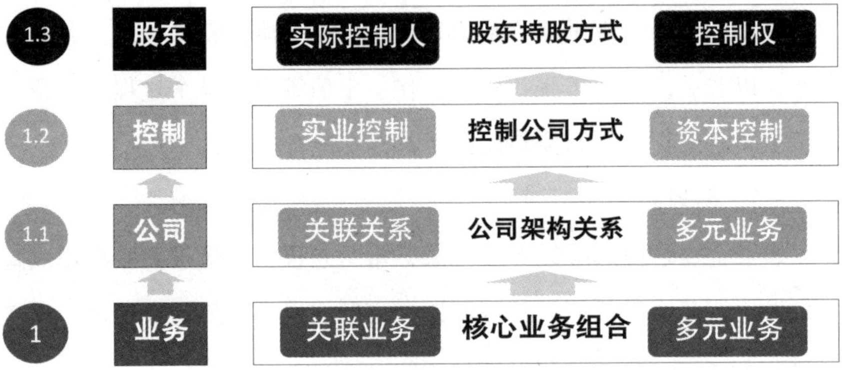

图9-1　公司财税顶层设计“1+3”模型

（1）业务组合

关联业务：企业围绕核心主业，业务按产业链划分，例如研发、产品、销售、服务。产品型企业的核心业务是“研发+生产”。

多元业务：企业涉及多领域产业布局，例如制造业、地产、服务、贸易、文化等多个产业领域业务资源。通过核心主业做到一定规模，开始横跨多个产业进行多元化经营。

（2）公司架构

基于公司业务组合特点，设计公司间关系，选择关联性公司关系还是非关联性公司关系。

关联关系：公司间法律关系清晰，如总分关系、母子关系等，清晰构建不同公司之间的所属关系。公司治理结构清晰，便于公司间进行集团化管控，以及做强产业规模和竞争力。

非关联关系：现实中有些企业老板设立了多家公司，名义上这些公司间没有法律关系，不存在股权关系，但实际控制关系都是私下协议和控制某些关键岗位的人，例如：任命法定代表人；代持股权，通过协议约定实际控制关系。出于商业目的掩盖这些公司实际老板的身份，有利有弊。

（3）控制关系

在名下成立的多家公司之上成立控股公司，打通这些公司之间的法律关系和所属关系，便于后期做大企业规模，扩大控制权范围，用“四两拨千斤”快速增加资产和业务体量。

实业控制：成立实业型集团作为投资公司，专注做大、做强实业产业，便于打通各产业公司间融资、投资、分红的资金通道。低税负资金通道的打通，便于集团实现产业资源快速增加。旗下各公司由专业化职业经理人团队负责运营，通过激励机制释放核心管理团队安心做实业的动力，聚合好人、财、物，实现业务扩张和资产扩张。

资本控制：通过设立资本型投资公司，专为旗下业务板块资本运作、境内外IPO做铺垫。例如：设立有限合伙企业甚至多层有限合伙公司，控制旗下准备境内外上市的主体公司；通过协议和合伙人身份等，实际控制旗下公司，用极少的股权拥有绝对多的投票权，获得实际控制权，上市后快速扩大财富规模。选择适合的注册地点，为后期股权变现、上市后股票套现适用低利得税率，提前设计好节税、变现通道。

（4）股权架构

家族持股：家族核心成员拥有名下公司绝对控制权。但家有千人，主事的只能有一个，家族成员利益可以均分，但话语权、决策权、控制权必须集中。一旦控制权过于分散，会给公司治理埋下致命隐患。中国目前还没实施遗产税，为家族直系成员之间转让股权带来很大便利：税负极低，几乎没有自然人间股权转让承担的个人所得税，只有金额有限的印花税。这为各家族财富管理提供了很大的税收筹划空间。

合伙人持股：无论几个人合伙创业，一定有带头大哥。可以通过协议控制、投票权约定、合伙人身份等，掌握整个控制权和决策权。

“1+N”持股模式:家族持股和合伙人持股在股权设计上必须遵循“1+N”模式。“1”指的是实际控制人，他拥有决策权和投票权，掌握企业发展大局和方向，在重大决策上拥有绝对话语权。无论是传统企业还是新型企业，所有成功的企业都有一位“强势老大”。看准方向、快速决策、强力执行、快速调整，这几乎是所有行业中成功企业领导人的特质，背后跟控制权集中、决策效率高、调整坚决、反应快速有直接关系。如果股东中缺乏核心“1”，遇到问题时家族股东及合伙人需要消耗大量时间统一认知，甚至可能出现严重意见分歧，给企业运营调整和市场调整带来诸多负面影响。企业竞争力下降，由盛到衰只是时间问题。

老板是财税顶层设计的总设计师

老板们脑子里都装着不少商业思路和业务规划，这些规划需要从财税技术层面做系统评估，把好商业模式理性关。

商业模式创新、激励机制创新、对外商业合规，需要先从财税技术上确认能不能操作。如果不能直接操作，就要看在不触碰法律和法规底线的前提下，有无可行的方式。

老板直接参与财税顶层设计，是为了从理性层面把好商业模式、盈利模式风险关，避免出现控制权失控、财税风险过重、内外部利益失衡，导致老板利益严重受损。做好了顶层设计，老板就能集中资源做实主业，打通资金通道、股权通道和信息通道，实现财富安全和财富持续滚动增值。

案例分享：集团财税顶层设计

某民企在长三角主要从事新型环保建筑材料生产，公司创立到现在近10年。老板属于二次创业进入环保材料研发、制造、销售领域的。近几年公司业务发展很快，老板设立了上市的目标，希望成为行业中新的领军企业。

但现实与目标相差甚远，老板决定请外部财务顾问帮企业做全面诊断，突破企业瓶颈，让企业实现快速发展。

我们通过以下几种方式对该企业财务进行复盘和诊断。

问题导向

问题导向，即通过财务数据复盘公司问题。

通过财务数据分析，我们发现公司的能力还没有完全释放。成立至今，公司一直处在持续不断的投入阶段，通过数据就能看出公司的两大问题。

问题1：公司人效低。

2019年，公司的人均销售收入不到70万元；2020年，好一些，但增幅有限。

问题2：资金周转效率低。

截至2020年10月，公司投入总资金1.54亿元，其中权益资金9000万元，外部借款资金6400万元。按2019年数据和2020年10月数据分析，销售收入覆盖资金投入总额甚至都不到一倍。这反映的是公司总投入和总产出的对比关系，说明资金周转效率低，公司盈利能力还没有完全释放出来，所以公司必须突破现有瓶颈。

目标导向

财务数据复盘问题，目的就是找差距、补短板、找方法。复盘问题不是目的，通过复盘发现问题倒逼公司转变管理模式、财务思维，才是关键。公司需要把成立到现在定义为1.0阶段，核心是打基础，在市场上站稳脚。1.0阶段属于业务驱动型，企业上上下下全部跟着市场走，整个公司都是业务优先。

公司年销售规模近2亿元，公司决策层关注的是如何从2亿元销售规模往5亿元、10亿元的目标去努力。整个公司的发展模式需要从业务驱动型向目标驱动型做升级转变。基于市场先设定目标，再根据设定的目标来指导公司现有业务，优化和升级管理，一步一步实现公司设定的财务目标。

此时，公司老板更多的时间花在掌舵大方向上，如设计、规划公司财务目标。公司做大规模的过程中，老板的关注点是布好局、选好人、定好目标。

公司从业务驱动型向目标驱动型转变，更需要老板和管理层思维的转变。老板和公司管理层需要具备财务思维，带领公司进入2.0阶段。老板和公司管理层的财务思维要更关注企业的投入产出回报效率。

在实施公司目标驱动型管理中，有一条核心主线是财务目标。设定好财务目标，可以引导整个公司管理层以财务目标为导向，优化客户结构、产品结构、生产工艺、业务流程和管控体系，实现未来3～5年业绩持续增长。

企业财务目标的设定不是老板和高层拍拍脑袋就能决定的，而是需要一套完整的财务分析体系做目标设定的支撑，包括投入、产出、回报、效率、趋势、风险六大要素（见图9-2），具体如下：

◆ 按6～8亿元业绩的目标来预测和量化该企业所需的投入、自有资金投入、外部借款投入以及购置新设备投入。

◆ 预测和量化未来3～5年主要经营业绩、产量、收入和利润。

◆ 预测和量化未来3～5年实现的回报、产品利润回报、资金收益回报和股东收益回报。

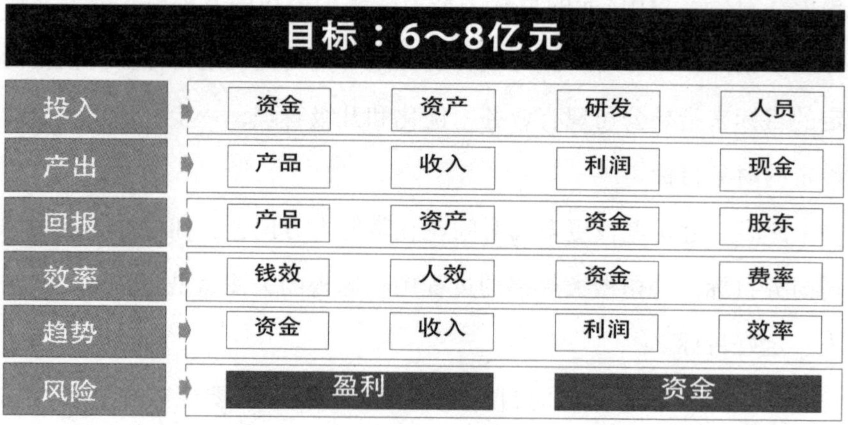

图9-2　企业未来3～5年财务目标规划

◆ 预测和量化未来3～5年核心效率指标，例如人均销售收入和人均净利润。

◆ 预测和量化未来3～5年主要指标趋势、收入趋势、利润趋势和效率趋势。

◆ 预测和量化公司可能面临的风险，主要是量化资金风险和盈利风险。

企业进行目标驱动型升级的目的，是全面提升高层综合管理能力和企业综合管控能力，为企业后续发力做大规模，奠定扎实的管控基础。公司需要围绕这六大要素，把控规模和业绩之间的平衡关系，推动业绩持续稳健提升。

目标驱动型管理模式（见图9-3）需要闭环管理思维：以实现财务目标为主线，复盘企业现有能力与目标之间的差异；指导业务做好经营计划、业务计划，上下目标一致，责权利明确；快速执行和实施；通过实际结果与目标对比评估，找出差距和问题；内部不断优化，不断改进和完善，持续提升改进目标。长期坚持，不断创新和优化，整个企业管理能力和业绩达成能力一定会有显著提升，逐渐成为企业整体能力，为后续企业价值的实现奠定基础。

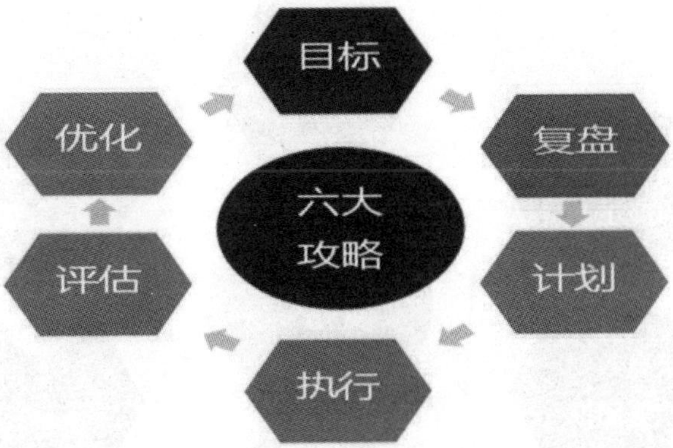

图9-3　目标驱动型管理模式

该企业老板有上市的打算。由于做制造业需要持续的资金投入，周围的同行企业也都在加大资金投入，升级生产设备和技术工艺，面对竞争压力，企业需要全面提升综合能力。企业目标驱动型升级的目的，是全面提升管理层综合管理能力，提升企业综合管控能力，为企业上市奠定好基础。

价值导向

公司老板也认为，如果整个公司能实现目标驱动型管理升级，团队能力和财务能力提升，3年后做到销售额6～8亿元，实现5000万元净利润，公司价值就能大大提升。

企业上市是一个水到渠成的过程，跟企业自身的综合能力有关。而企业综合能力的提升，需要先从财务体系入手。我们可以通过"1+6"实施体系（见图9–4）来对企业财务做全面的优化。

图9-4　企业财务升级"1+6"实施体系

"1+6"实施体系中的"1"指的是高层财务思维。首先，公司高管团队需要具备财务思维，围绕财务目标规划业务，优化客户结构、产品结构、内部流程，从源头管控成本，提高整个公司资源利用率，提高资金效率和人效。高层带动中层，中层带动基础，自上而下形成全员重视成本、降本增效的行动意识。如此，企业整体目标达成能力和创造利润能力会持续提升。

"1+6"中的"6"指的是以下6个方面：

（1）公司财务规划

基于公司上市目标做财务规划，主要是围绕公司业绩目标量化，提高财务核算质量和合规，健全内部控制体系。按上市公司会计报告质量要求，公司治理要求夯实核算体系、内控体系，为企业上市提供财务保障体系。

（2）公司财税合规

企业上市的过程对财务而言，是一个脱胎换骨的过程。监管部门对准备上市企业的审核越发严格，对拟上市企业会进行现场审核，逼退了很多只做形式上合规、不做实质合规的申报企业。财税合规一定要做实质性合规，心存侥幸，最终企业会倒在上市路上，损失更惨，甚至有的带“病”申报企业从此一蹶不振。

企业要从业务源头启动财税合规，业、财、税、法全面做合规实施方案，达到上市合规要求，完善跟合规有关的证据链，包括合同、协议、单据、票据、收据等。

（3）经营财务管控

财务从事后转到事前，重点围绕“三大管控”——采购财务管控、营销财务管控、生产财务管控——展开工作。财务部设立专岗专人对接业务部门，定期牵头业财沟通例会，例如采购财务管理例会、营销财务管理例会、生产财务管理例会，控成本、增利润、降风险。

（4）财务管控体系

基于公司战略目标，重新打造公司财务管控体系。

组织体系：按照管理型财务组织架构重新建设公司财务部，设立财务专岗从事资金管理、成本管控、财务分析和预算管理工作。按照各财务管理专岗的工作任务和所需的专业能力匹配好专业型财务人。

核算体系：按上市公司财务核算要求，统一核算口径、收入确认标准，从业务源头完善核算所需证据链并保证原始数据完整、准确、时效。

资金体系：按照收入和支出两条线管控资金来源与使用，完善内部资金使用授权流程，基于公司业务链条做好现金流动态预算管理。

税务体系：全税种管理，做好跟高技术企业审核有关的核算基础数据。有专人跟进跟企业有关的涉税处理和优惠涉税事项的合理性处理。

预算管理体系：健全预算管理体系，由财务预算向全面预算升级。

报告体系：基于对经营提供支持的业财经营分析管理报告，高层关注综合类数据，中层关注经营性、运营数据。

（5）高效财务团队

财务经理驱动财务部转型。财务经理的工作当中要拿出至少1/3的时间，与公司各个部门负责人进行沟通，目的就是为了帮助财务伙伴解决实际工作当中遇到的问题。所以财务经理需要从核算型向管控型转变。

财务部门的每个岗位，要有意识地逐渐由核算型向管理的职能型转变。例如成本岗位，要对核算时间和成本管理时间做一个分配。资金岗位、采购岗位的财务，在核算工作的基础上，加强对他们的培训，为他们提供方法和工具，让他们有更多时间跟业务的事前、事中人员对接，这样，能及时发现问题，推动业务融合，推动企业财务目标的达成。

（6）业财管理工具

不单单是财务工具，企业缺的是整个公司的管理报表工具。公司现在的管理报表不完整、不系统，而且没有真正实现业财之间数据的高度集成。管理报表工具的优化和智能化，对公司来讲就是管理升级。

目标导向型最终的落地，一定是靠高效的业财管理工具融入高层决策、中层经营、基础工作。业财紧密配合，结果快速反馈，经营及时优化，高层敏锐把控，企业才能高效运转。业务管理工具也应该持续优化、完善、创新，助力企业整体能力的全面提升和业绩持续改进，以增强竞争力，凸显企业价值。

“4+2”模型助力顶层设计

根据以上分析，我们可以通过“4+2”模型计（见图9-5），帮助公司建立财税顶层设。首先，梳理4条主线：

（1）业务

集团各公司主要从事的业务，从价值链到供应链到最终客户端，含两类交易：

第一，公司间业务（集团公司间进行的购销、采买业务）；

第二，与第三方业务（集团公司与第三方公司进行的购销、采买业务）。

（2）股权

集团目前公司架构设置情况，包括有无设立集团实际持股公司，自然人持股还是法人持股，有无设立家族持股平台，各公司间有无法人持股法律关系。

（3）公司

已经注册的公司数量，各家公司主要业务和注册地，以及有无享受所在地招商优惠政策。

（4）组织

目前公司有无组织架构图和责权利机制？有无对管理层的股权激励，如果没有，公司目前对管理层、高管的激励方式是什么。

其次，设计以下两条通道。

（1）资金通道

核查目前公司间有无资金往来，包括：业务性资金往来、非业务性资金往来；公司是否有定期分红；实际控制人跟公司间有无资金往来。

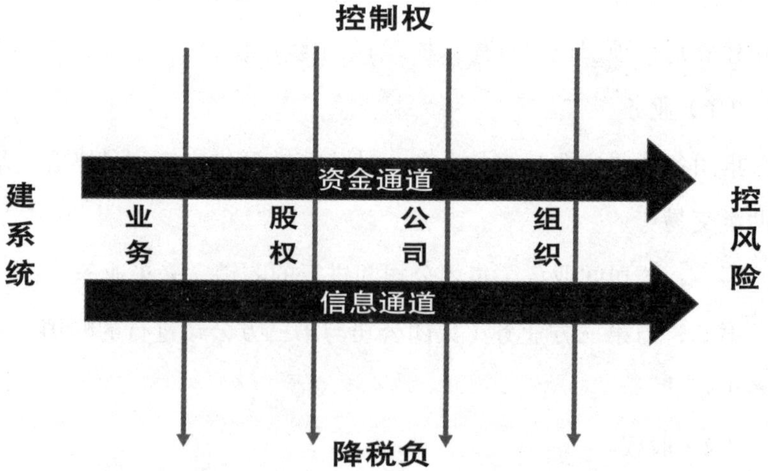

图9-5　集团财税顶层设计“4+2”模型

（2）信息通道

公司目前的财务信息化情况，以及业务系统跟财务系统对接和融合的现状。

基于“4+2”模型建立集团财税顶层设计，可以实现四大目标：

◆ 掌握控制权：实际控制人对集团各板块拥有绝对控制权。

◆ 建系统：构建从业务源头到财务端的业财税系统。

◆ 控风险：借助防火墙和风险预防网，降低财税风险。

◆ 降税负：利用业务优化、公司优化，合理降低税负。

后记　老板财富新观念

民企已占据中国经济总量的半壁江山，按2020年统计数据，民企缴税总额占到国家税收总额的近60%。南北经济差距很大，主要是因为南方经济活跃，民企在珠三角、长三角的比重远高于北方，为当地提供了大量就业机会和创业机会的同时，也加速了产业转型和升级。可以预见，未来10年、20年，到21世纪中期，民营经济占全国经济总量一定会更高，也一定会有更多的民营企业成为“世界500强”企业，成为引领全球产业的新力量。

今天发展成功的民企是天时、地利、人和的结果。在它们成长的路上，各地政府开放、务实、包容、积极的帮扶是及时雨，也是雪中送炭。

每个时代的企业家，都和国家、民族的命运息息相关。

在中国正全力突破发展瓶颈、突围核心技术，实现产业经济升级的路上，广大中小民企更是肩负保障就业和民生的重任，它们是经济稳定的压舱石。

中小民企老板是最辛苦、付出最多、最坚定的群体。全球资金大放水、生产原材料成本快速上涨等不确定的外部经济环境，倒逼老板们做好内部财务管控升级——成本、降费用、提高资源利用率和资金效率。

老板们整体财务观念的转变，对企业、老板和整个社会都是有利的。

成为“大商”，要有“中”字思维。

中国传统文化最讲究“中”和“度”，凡事谋求平衡、和谐，在向世界级经济大国发展的过程中，一定遵循平衡而不是失衡。经济和金融等有些重要行业领域短期出现过失衡，但长期一定是基于平衡思维构建长远发展规划。中国近些年来强力反腐，消除贫困、严控互联网金融平台巨头扩张的背后，体现了国家领导人的治国理念和坚持中国特色社会主义不能变，不能动摇，坚决杜绝在中国出现类似美国华尔街金融资本、日本财阀、韩国财团等庞大既得利益集团把持一个国家经济命脉的现象。

成为“大商”，必须守好两大底线。

第一，不能和法律法规冲突，赚钱要守住法律法规底线。

第二，不能和人民利益较量。近几年来，大型民企，尤其是超大型民企成为某一领域翘楚后，备受业界和整个社会的关注。这些企业和老板的财运与国家、社会的发展息息相关。任何跟国家、社会利益相背离的财富积累方式，注定是在沙滩上建高楼。

总的来说，有格局、有担当、能干大事的老板通常都具备以下3个特点：

第一，对财务理解和认识有高度，能做到公私分明，管钱上既讲规矩又能尊重专业人士意见。

第二，用人不疑，充分信任，充分放权。

第三，注重创建良好的生态环境（包括朋友圈、生意圈、智囊圈）。能学习借鉴，提高认知力。和强者一起才能赢，企业做得好不好，跟老板身边的人有关。正所谓物以类聚，人以群分。老板有什么样的圈子，就能成就什么样的事业。

说到底，老板的格局体现的就是“人+财”，有再高的理想、愿景、决心，具体到管钱、分钱上能否做到知行合一才是根本。现实中有部分老板想改变自己在管钱用人上的弊端，也请了外部咨询团队，但实施了一半就被迫中止，又回到了老路上。

老板认知上的改变不是一蹴而就的，需要借助外部的3个圈子对其产生潜移默化的影响。

第一，朋友圈，这里的朋友不一定指生意上的朋友，没有利益关系的朋友反而能坦诚地沟通，说出自己心中的疑虑。毕竟老板在公司里是最孤独的人，有些话、有些想法不能跟公司里的人讲，但可以跟朋友讲。

第二，生意圈，商业的本质就是圈层文化，老板的生意圈有多大，事业就有多大。

第三，智囊圈，当企业做到一定规模之后，对老板的各种能力要求更高，老板需要借助外部智囊团（财务、法务、行业、技术、政策等专业人士）弥补自身能力的短板，突破企业发展中遇到的各种问题。有了智囊团，老板能更加从容地应对企业内外部发生的问题，化解矛盾，把握行业趋势，做出正确的决策。

图书在版编目（CIP）数据

企业财税通 ：结合新税法解决企业的财税难题 / 臧晓辉著. -- 北京 ：中国友谊出版公司，2022.9
ISBN 978-7-5057-5498-0

Ⅰ. ①企… Ⅱ. ①臧… Ⅲ. ①民营企业－企业管理－财务管理－研究－中国②民营企业－企业管理－税收管理－研究－中国 Ⅳ. ①F279.23

中国版本图书馆CIP数据核字(2022)第112548号

书名 企业财税通：结合新税法解决企业的财税难题
作者 臧晓辉
出版 中国友谊出版公司
策划 杭州蓝狮子文化创意股份有限公司
发行 杭州飞阅图书有限公司
经销 新华书店
制版 杭州真凯文化艺术有限公司
印刷 杭州钱江彩色印务有限公司
规格 710×1000毫米 16开
16.25印张 179千字
版次 2022年9月第1版
印次 2022年9月第1次印刷
书号 ISBN 978-7-5057-5498-0
定价 65.00元
地址 北京市朝阳区西坝河南里17号楼
邮编 100028
电话 （010）64678009